AF359939

NOTE

SUR LA CONSTRUCTION ET L'EXPLOITATION

DE DIVERS

CHEMINS DE FER SECONDAIRES

PAR

A. JULES MORANDIERE

PARIS

LIBRAIRIE SCIENTIFIQUE, INDUSTRIELLE ET AGRICOLE

Eugène LACROIX, Éditeur

Libraire de la Société des Ingénieurs Civils

RUE DES SAINTS-PÈRES, 54

1876

NOTE

SUR LA

CONSTRUCTION ET L'EXPLOITATION

DE

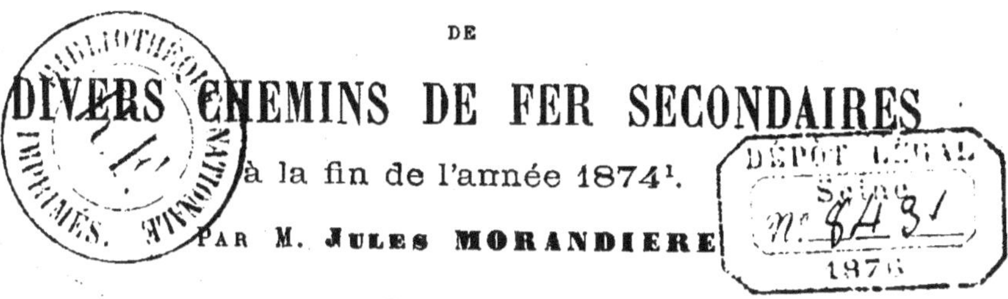

DIVERS CHEMINS DE FER SECONDAIRES

à la fin de l'année 1874[1].

PAR M. JULES MORANDIERE

(EXTRAIT des Mémoires de la Société des Ingénieurs civils.)

OBJET ET DIVISION DE CETTE NOTE.

Notre but dans ce travail est de résumer quelques renseignements sur des chemins de fer secondaires projetés ou exploités.

Une première partie comprendra la description de l'ensemble des conditions d'établissement et d'exploitation de plusieurs lignes.

La deuxième partie comprendra sous forme d'Annexes, quelques tableaux, ainsi que plusieurs renseignements statistiques et divers.

Nous espérons être en mesure de donner ultérieurement des Détails sur les éléments constitutifs de ces chemins, *Profils types, rails, traverses, accessoires de la voie, gares, voitures et wagons, locomotives.*

PREMIÈRE PARTIE.

Principales conditions d'établissement et d'exploitation de quelques chemins de fer secondaires.

AVANT-PROPOS.

Extension des chemins de fer secondaires. — La Société des Ingénieurs civils s'est toujours occupée avec sollicitude des chemins de fer économiques. Depuis les travaux sur l'utilisation des accotements, par M. Love,

---

1. Le temps écoulé entre la communication faite à la Société et l'impression de cette note, nous permettra d'ajouter, surtout dans la II⁰ partie, des renseignements intéressants sur les faits survenus depuis la fin de 1874.

1

en 1860, et par MM. Molinos et Pronnier en 1861 [1], de nombreuses communications et discussions ont eu lieu sur ce sujet, notamment en 1868. Les exemples qui pouvaient être cités à cette époque étaient fort rares, et la discussion restait forcément dans le domaine de la théorie : mais les exemples se sont multipliés depuis lors [2].

Dans plusieurs publications et brochures reçues par la Société, ces dernières années, se trouvent des renseignements nouveaux sur l'extension des chemins de fer secondaires, et il devient possible d'augmenter le nombre des citations : les discussions théoriques sont ainsi remplacées avantageusement par des applications pratiques. Il nous a donc paru intéressant de présenter le résumé des particularités de quelques chemins, en renvoyant souvent pour les détails aux sources d'où proviennent les renseignements.

La construction des chemins de fer à voie étroite notamment a pris beaucoup de développement. Un tableau spécial relatera les longueurs de quelques-unes de ces lignes, et montrera qu'en Europe, plus de 1000 kilomètres sont en exploitation, et que beaucoup d'autres chemins sont projetés. Dans l'Inde la voie de 1 mètre a été adoptée par l'État pour 900 kilomètres environ d'embranchements. En Amérique et au Canada plus de 3,000 kilomètres sont exploités, et plus de 10,000 kilomètres sont en construction.

En France et en Algérie, environ 100 kilomètres de chemins industriels à voie étroite sont en service. Jusqu'à ce jour, le chemin de Lagny près Paris, de 12 kilomètres de longueur, est le seul transportant des voyageurs, mais plus de 100 kilomètres de chemins de même nature sont en construction.

Nature des chemins secondaires décrits dans la présente note. — La désignation de *secondaires* peut s'appliquer à beaucoup de catégories de chemins, et il serait possible sous ce titre d'examiner des lignes méritant d'être citées comme exemple, telles que celles de Frévent à Gamaches, Abancourt au Tréport, Mammers à Saint-Calais, etc. Signalons toutefois que l'économie obtenue sur ces lignes tient surtout au pays peu accidenté dans lequel elles ont été tracées; aussi pour entrer davantage dans l'esprit d'économie et de progrès qui ressort des discussions de la Société, la présente étude ne s'étendra pas aux chemins dont nous venons de parler.

Les lignes faites en vue d'admettre au plus les véhicules ordinaires, c'est-à-dire capables de supporter des charges maximum de 7 à 9 tonnes par

1. Mémoires de la Société des ingénieurs civils. 1861.

2. M. Goschler a déjà signalé (Voir le 2ᵉ *Bulletin* de 1873) : 1º diverses catégories de lignes secondaires, et 2º quelques exemples, tels que : le chemin à traction de chevaux de Budweis à Linz, le chemin de fer de Festiniog à voie de 0ᵐ,60, un projet de chemin de fer d'intérêt local, les tramways de Paris, les tramways de Constantinople, etc.

essieu de machines ou de wagon, seront considérées comme un des termes extrêmes, et formant l'objet d'un *premier chapitre*.

Le *deuxième chapitre* comprendra l'examen des *lignes à transbordement,* c'est-à-dire *à voie réduite.*

Troisième chapitre. — Considérations pouvant guider dans le *choix de la largeur de voie réduite* à adopter dans certains cas.

Quatrième chapitre. — *Emploi restreint des tramways comme chemins secondaires.*

Un point intéressant est la question des *frais d'exploitation* sur lesquels il n'existe que peu de renseignements, et dont le *cinquième chapitre* dira quelques mots.

CHAPITRE PREMIER.

LIGNES ADMETTANT LES VÉHICULES ORDINAIRES, ET DESSERVIES PAR DES LOCOMOTIVES DE POIDS RÉDUIT.

Ces lignes à voie de $1^m.50$ admettent les véhicules ordinaires, mais elles doivent être desservies au moyen de locomotives dont le poids par essieu ne dépasse pas celui des wagons, c'est-à-dire 7 à 9 tonnes. Cette solution permet d'éviter le transbordement, en même temps qu'elle permet, à l'occasion, de louer le matériel d'autres lignes, mais le chemin peut être réduit à ses seules ressources pour les locomotives.

Nous examinerons comme exemple :

A. Les chemins de fer de Norwége et de Suède. B. Les chemins de l'Hérault. C. Un projet de chemin de fer en Alsace. D. La ligne de Valkany à Perjamos (Hongrie). E. Le chemin du Brünig (Suisse). F. Le chemin de l'Uetli (Suisse). G. Un embranchement du Nord-Est (Suisse) H. Divers projets dans l'Inde. I. Les chemins à rails en bois, au Canada. J. Chemin agricole de Quainton à Brill.

A. *Chemins de Norwége et de Suède.* — Les premières lignes norwégiennes construites en 1854 par Stephenson à la voie ordinaire avaient coûté près de 175,000 francs le kilomètre. M. Carl Pihl, introduisant une réduction générale des éléments de la voie, fit descendre à 100,000 francs, par kilomètre, la dépense de divers prolongements. Les rails pesaient 31 kilogrammes par mètre, au lieu de 36 kilogrammes, et la charge des essieux s'abaissait de $10^t.3$ à $8^t.3$[1].

1. *Von Weber.* Chemins secondaires. — *Fairlie.* « Aurons-nous des chemins de fer.

En Suède les rails étaient de 33 kilogrammes au lieu de 37, et la charge des essieux de 8^t.6 au lieu de 11^t.3.

B. *Chemin de fer d'intérêt local de l'Hérault*[1]. — Ces lignes sont construites sous la direction de M. l'ingénieur en chef Bazaine, par MM. Joret et Compagnie. Le cahier des charges est, dans ses détails, l'un des plus simples et des mieux étudiés parmi les divers chemins d'intérêt local.

Le maximum possible des pentes est de 0,03 par mètre, et le rayon minimum des courbes est de 100 mètres. En construction il n'a pas été fait de rayons de moins de 200 mètres, jusqu'à ce jour. La fig. 1, pl. I, donne le profil transversal d'un chemin de même importance.

Le poids des rails, non fixé par le cahier des charges, a été pris de 25 kilogrammes par mètre. Le type adopté est une réduction exacte du profil du Bourbonnais, et est une des meilleures formes de rail léger. (Fig. 13, planche I.) Il est porté par des traverses espacées de 1 mètre en moyenne.

Les voitures, de deux classes seulement, sont à couloir intérieur ; les prix sont de 8 centimes par kilomètre pour la 1re classe, et de 5 centimes pour la 2e classe. « Le concessionnaire aura la faculté de faire délivrer tous les billets de voyageurs par les conducteurs des trains en mouvement. » Les voyageurs allant au marché peuvent déposer 30 kilogrammes de produits agricoles dans un wagon spécialement désigné, et les reprendre à leur descente de voiture, sans avoir à payer le droit d'enregistrement.

Il n'est mentionné, dans le cahier des charges, aucune réduction pour les militaires et marins, non plus qu'aucune obligation de service postal gratuit.

D'après les évaluations faites au moment de la concession, le chemin devait coûter en moyenne 125,000 francs du kilomètre, y compris un matériel roulant estimé 15 à 20,000 fr. par kilom. Le département paye les terrains, et accorde une subvention de 75,000 francs. Il reste donc moins de 50,000 francs à apporter par le concessionnaire : un produit net kilométrique de 3,000 francs suffirait, dans ce cas, pour rémunérer les intérêts du capital engagé.

Lorsque le produit brut dépasse 11,000 francs, l'excédant est partagé par moitié entre le département et le concessionnaire.

Les lignes de Montpellier à Palavas (12 kilom.), et de Béziers à Méze (45 kilom.), sont actuellement en exploitation. La première est une ligne de banlieue, reliant Montpellier à la mer, tracée dans une plaine et ayant surtout un trafic de voyageurs. La seconde, au contraire, est accidentée et donne lieu, au moment du transport des vins, à un mouvement assez considérable de marchandises.

---

1. Voir les *Annales Industrielles*, 1er et 2e semestre, 1874.

Il est intéressant d'étudier les types des locomotives qui desservent ces divers trafics, tout en remplissant la condition posée de ne pas dépasser par essieu un poids de 7 à 9 tonnes, poids correspondant à celui d'un essieu de wagon ordinaire.

Le service de la ligne de Palavas est fait par des locomotives à 6 roues, dont 4 couplées, d'un diamètre de $1^m.21$. Les cylindres ont $0^m.30$ sur $0^m.46$. Le timbre de la chaudière est de $8^k.5$, et les surfaces sont respectivement : de $0^{m2}.90$ pour la grille, de $44^{m2}.5$ pour les tubes, et de $3^{m2}9$ pour le foyer. Le poids à vide étant de $17^t.5$ s'élève à $22^t.4$ lorsque la machine est en ordre de marche, et se répartit ainsi : $6^t.4$ avant, $8^t.0$ milieu et $8^t.0$ à l'arrière; soit 16 tonnes utiles pour l'adhérence. Les soutes à eau contiennent $2^t.5$, et celles à combustible 1 tonne de houille environ. (Fig. 9, pl. I.)

Sur la ligne de Béze tous les trains sont mixtes, et deux types de machines sont à l'essai. Une machine-tender à 4 essieux accouplées, chaudière en tôle d'acier, pesant environ 36 tonnes en charge, et une machine du *système Meyer* à 6 essieux accouplés par groupe de trois, pesant environ 54 tonnes.

C. *Chemin de fer projeté en Alsace.* — Nous mentionnons seulement ici pour mémoire, un projet non suivi d'exécution, en renvoyant aux annexes pour les détails. La ligne dont il s'agit devait emprunter sur les deux tiers de sa longueur, l'accotement d'une large route nationale. Les rails auraient pesé 35 kilogrammes par mètre, mais l'espacement des traverses eût été porté à $1^m.20$ en moyenne.

D. *Chemin de fer de Valkany-Perjamos (Hongrie)*[1]. — Cette ligne, de 43 kilomètres, ouverte en 1870, a été exécutée en une campagne pour le compte d'une Compagnie locale par la Compagnie des chemins de fer de l'Etat (Staatsbahn), laquelle a également entrepris l'exploitation.

Le chemin est en plaine, les rampes maximum sont de 2 millimètres 1/2 et le rayon minimum des courbes est de 400 mètres. La largeur de la plate-forme à la couronne est de 4 mètres. Les rails, de 7 mètres de longueur, pèsent $25^k.30$ le mètre courant; ils sont éclissés en porte-à-faux et sont portés par huit traverses.

Les locomotives, au nombre de trois, pèsent $25^k,7$ en charge.

La dépense de cette ligne, y compris les locomotives, mais sans le reste du matériel roulant, s'est élevée à environ 70 000 fr. par kilomètre.

E. *Chemin du Brünig (Suisse).* Ce chemin, destiné à relier Thoune et le lac de Lucerne, n'est encore exploité que sur les 8 kilomètres 1/2 de la plaine qui s'étend entre le lac de Thoune et le lac de Brienz; il relie chacun de ces deux lacs à Interlaken. Les rails sont de 20 à 25 kilo-

---

1. *Annales des ponts et chaussées.* Juin 1876. Un autre chemin de 47 kilomètres de longueur, exécuté dans les mêmes conditions, de Vojtek à Bogsan, a été livré en 1874.

grammes par mètre, éclissés en porte-à-faux. Les voitures sont à impériales couvertes, mais non fermées : comme ces places sont les plus recherchées, les siéges en sont rembourrés. Ces voitures, à châssis en fer très-tourmenté, paraissent très-lourdes.

Jusqu'à ce jour le service est fait par des locomotives de Krauss, à quatre roues, devant peser 15 à 18 tonnes.

Le trafic consiste presque exclusivement en voyageurs : toutefois un bateau-ferry, capable de porter 4 wagons, navigue sur le lac de Thoune pour établir la communication avec la Compagnie du Central suisse.

F. *Chemin de l'Uetli*, près Zurich (Suisse). — Bien que l'Uetli soit une montagne dominant le lac de Zurich, ses flancs ne sont pas très-abruptes, et les premiers projets de chemin à crémaillère ont été finalement transformés en projets de chemin ordinaire, admettant des rampes de 4 à 7 centimètres par mètre. Les courbes descendent jusqu'à 135 mètres de rayon; aussi les wagons sont-ils du type américain, à 8 roues et à 40 places; leur poids à vide est de 5.750 kilogrammes. Les locomotives, au nombre de trois, et du type Krauss, sont à 6 roues couplées et pèsent 25 tonnes.

Les rails qui seront soumis à une action énergique de la part des freins pèsent 30 kilogrammes le mètre.

La construction de cette ligne, de 9 kilomètres de longueur, est très-avancée[1].

G. *Chemin projeté par la Compagnie du Nord-Est suisse.* — Cette Compagnie a consenti à se charger de l'exécution d'un chemin secondaire amenant du trafic à l'une de ses lignes; elle s'est même intéressée pour un tiers dans la construction, et a fait un traité d'exploitation avantageux pour les cantons propriétaires du chemin.

Un rail de 26 kilogrammes sera employé; la ligne sera desservie par le matériel roulant ordinaire de la Compagnie, et ses locomotives-tenders à 4 roues, les plus légères, pesant environ 23 tonnes en charge.

Les gares seront également d'un modèle restreint, dans lequel un hangar à marchandises (90 mètres carrés), fig. 7 et 8, pl. I, suffit en outre au service des voyageurs et au logement de l'employé chargé de la gare.

H. *Chemins de fer de l'État dans l'Inde.* — L'extension du réseau avait été décidée à la voie de 1 mètre; mais il a été plus tard reconnu que l'intérêt stratégique nécessitait la prévision d'une transformation assez prochaine d'un certain nombre de lignes, et une disposition transitoire a été adoptée pour celles-ci. La voie aura la largeur normale des anciennes lignes (1m.68), et sera formée de matériaux légers et de rails

---

1. La ligne a été ouverte au milieu de 1875. D'après M. Mallet, elle a coûté environ 166.000 francs par kilomètres. Les locomotives ont remorqué jusqu'au sommet des charges égales à leur poids, c'est-à-dire 25 tonnes, à la vitesse de 13 à 17 kilomètres à l'heure. (*Compte rendu* des séances de la Société des Ingénieurs civils, 7 mai 1875.)

pesant 25 kilogrammes : le matériel roulant ordinaire, y sera remorqué par des locomotives légères. L'infrastructure sera établie de manière à recevoir, le jour où l'on voudra, les rails lourds et les locomotives pesantes.

I. *Chemins à rails en bois au Canada.* — Cette idée, née pendant la guerre de la Sécession, et appliquée à la réfection de lignes détruites, a été ensuite reprise pour la construction de chemins permanents dans un pays où le bois est très-bon marché. Le point capital est la substitution de rails en *érable*, aux rails en fer. Les pièces de bois de 0^m.35 sur 0^m.175 de largeur sont portées par des traverses assez rapprochées. Leur durée est estimée à 8 années.

Les roues des machines et wagons ont des bandages très-larges, et on trouve en service des locomotives de 20 à 30 tonnes.

Certaines lignes ont coûté 20,000 francs par kilomètre seulement, dans ce prix la voie proprement dite est comprise pour 3,000 francs par kilomètre. Le prix de l'exploitation ressort à 1^f.25 par kilomètre de train, pour un service restreint[1].

J. *Chemin de fer de Quainton à Brill* (Buckinghamshire)[2]. — Ce chemin agricole ouvert en 1871, a 12 kilomètres de longueur et a coûté 35,000 fr. par kilomètre, terrains non compris. Les pentes atteignent 2 centimètres par mètre : une seule voiture suffit pour le service des voyageurs, et les deux locomotives de la force de 6 chevaux, sont du type locomobile spécial d'Aveling et Porter. La ligne a été construite par le duc de Buckingham, qui l'entretient ; l'exploitation est faite par MM. Chaplin et Horne, grands entrepreneurs de roulage.

CHAPITRE II.

CHEMINS DE FER A VOIE ÉTROITE.

CONSIDÉRATIONS GÉNÉRALES. Notre intention, en donnant ici de nombreux renseignements sur les chemins de fer à voie étroite, est de montrer le parti qui a été et qui peut-être tiré de ces constructions économiques.

Le tableau joint à cette note met bien en relief le grand développement que les chemins de fer à voie réduite prennent depuis quelques années dans les pays neufs, tels que l'Amérique, l'Inde, et autres contrées où la civilisation ne fait que pénétrer. Dans les régions dépourvues de

1. *Engineering*, 1er octobre 1869, 14 juin 1872, 31 janvier 1873.
2. *Engineering*, 5 juillet 1872. Light railways.

route, l'important est de construire la plus grande longueur possible avec un capital donné, et le choix de la voix étroite est parfaitement motivé.

En France, la situation n'est pas la même, il s'agit d'ajouter de nouvelles mailles à un réseau déjà fort étendu. L'adoption de la voie normale de $1^m,50$ doit donc recevoir tous les encouragements financiers et autres, compatibles avec le budget de l'État, des départements, et des communes.

Mais, lorsque les ressources suffisantes ne peuvent être réalisées, la voie étroite se présente comme une solution acceptable, dans bien des cas, à titre auxiliaire.

Toutefois l'extension d'une telle application ne devra être autorisée qu'avec une certaine circonspection, surtout lorsque le chemin ne sera pas affecté principalement à des transports industriels ou agricoles[1].

Comme conséquence de ce qui précède, la voie réduite ne paraît pas destinée, au moins pour le moment, à s'étendre en France sur des milliers de kilomètres, s'entrelaçant en quelque sorte avec les autres réseaux, de manière à leur faire concurrence. Son rôle, plus modeste, mais non moins utile, est analogue à celui des chemins vicinaux et d'intérêt commun, comparés aux routes départementales et nationales[2].

Ajoutons à ces considérations une réflexion d'une nature plus secondaire. Tout chemin de fer pour l'établissement duquel la voie étroite est admise en principe, est fondé à se dire chemin secondaire et d'intérêt local. En effet, avec la voix étroite, c'est-à-dire avec le transbordement obligatoire, l'objection de concurrence et de détournement de trafic tombe d'elle-même.

1. *Observations sur les chemins à bon marché*, par M. R. Morandiere (voir page 17), note de mai 1868, insérée dans les *Annales des Ponts et chaussées*, de 1869.

Observations sar les chemins de fer économiques. Brochure par M. J.-B. Krantz, 1875 (voir pages 82 et 100).

D'un autre côté, il ne faut pas redouter le mouvement qui se produit en faveur des chemins de fer à voie étroite. Il ne peut évidemment venir à l'idée de personne d'imposer la voie réduite pour les 5 000 kilomètres nécessaires au complément de notre réseau national. Or, nous n'avons encore que 12 kilomètres de chemins de ce genre pour voyageurs, une centaine de kilomètres environ sont décrétés, et rien ne fait entrevoir un développement excessivement rapide. La loi de 1865 a donné lieu à certaines spéculations, et néanmoins, depuis dix ans, il n'a été ouvert que 1 855 kilomètres de chemin d'intérêt local. Il est donc probable que l'économie générale du réseau français ne pourra pas être sérieusement menacée avant plusieurs années ; or, avant ce moment, l'expérience aura fait reconnaître les avantages et les inconvénients des lignes à voie réduite, et il sera temps d'aviser en toute connaissance de cause.

2. « Quant à la question des chemins de fer à voie étroite, la solution me paraît indiquée d'une manière tout aussi évidente. C'est la nature même qui nous indique l'exemple à suivre. Elle a distribué les eaux en ruisseaux, en rivières, en grands fleuves; nous avons eu la sagesse de diviser nos routes de terre en routes nationales, départementales et en chemins vicinaux. Il faut faire de même pour nos voies de fer, d'autant plus que le prix en est plus élevé. »

Lettre de M. F. Bartholony au directeur du *Moniteur universel*. Janvier 1875.

En résumé et comme *conclusion* des considérations qui précèdent, la voie étroite semble devoir porter avec elle, en France, un caractère essentiellement transitoire : par suite, il conviendra dans la plupart des applications de recourir aux types les plus économiques.

L'utilisation des accotements des routes concourt au même but; car on gagne ainsi la majeure partie de la dépense des terrains. Au premier abord, on peut se demander s'il ne serait pas plus avantageux d'acquérir le terrain suivant le tracé que la voie de 1^m.50 devra emprunter un jour ; mais alors, au lieu de courbes de 30 à 80 mètres, il faut des rayons de 100 à 200 mètres, la limite des inclinaisons recule également, et l'économie a réaliser consiste principalement dans la diminution du poids des rails, c'est-à-dire qu'elle est presque insignifiante[1].

La voie étroite ne peut être économique de construction et d'exploitation qu'à la seule condition de ne pas être une copie réduite des grandes lignes, et *de sortir complétement des errements suivis jusqu'à ce jour, pour les lignes à voie de 1^m,50, même celles d'un intérêt secondaire.*

Nous allons maintenant, avant de passer à la description de quelques lignes, essayer de donner une idée, d'une part, de l'importance exacte qu'il faut attribuer au transbordement; d'autre part, de la réduction qu'il est possible d'obtenir dans le poids mort.

Prix de transbordement. — Les *Marchandises de détail* peuvent généralement supporter le surcroît de taxe nécessaire pour balancer les frais de transbordement. M. Nordling a parfaitement établi[2] que ce surcroît correspondait, à un allongement de chaque parcours, de 4 à 6 kilomètres. Le point important est d'éviter ce surcroît pour les marchandises expédiées par wagon complet, pour les marchandises pondéreuses (surtout pour le charbon et les engrais), en un mot pour les marchandises à bas tarif, ou bien encore pour celles qui se détériorent par des manutentions successives. Dans ces divers cas, le problème sera résolu par l'emploi de caisses ou cadres mobiles, de paniers et de grues de transbordement du camion sur wagon ou inversement. Ce système est déjà employé sur les grandes lignes ; ainsi la marée de Boulogne arrive à la halle dans des caisses à claire-voie chargées sur des plate-formes ; les poteries de Creil amènent, de la fabrique au magasin de Paris, leurs produits contenus dans des caisses ayant juste la longueur d'une plate-forme, et, comme largeur, la moitié (1^m,20 environ) de ce véhicule qui reçoit ainsi deux caisses; chacune de ces caisses forme le chargement d'un camion ou même d'une charrette ordinaire[3].

---

1. M. L. Richard. Bulletin de la Société des Ingénieurs civils. Année 1868, page 284.

2. Mémoires de la Société des Ingénieurs civils. 3e cahier, 1864, page 383.

3. Voir un certain nombre de dispositions étudiées dans ce même but, par M. l'ingénieur en chef Heusinger von Waldegg. *Organ fur....* V. 1875.

Il est également bon, dans certains cas, de recourir à des estacades, à des quais étroits compris entre deux files de voies [1].

Avec ces diverses dispositions, le prix de transbordement peut descendre jusqu'à 15 et même 10 centimes par tonne manutentionnée ; mais, sans ces précautions, il faut compter sur un prix beaucoup plus élevé, et nous pourrions citer une gare de jonction de deux compagnies, dans un département, où le prix moyen de 75 centimes est loin d'être rémunérateur.

Aux exemples de prix antérieurement donnés à la Société, nous ajouterons les suivants, dus à M. Fairlie : en Amérique, gare de Dunkirk, 0f.35 par tonne ; au chemin d'Anvers à Gand, station de Lokeren, 0f.42 ; sur un chemin belge, 0f.15 ; en Suède, 0f.20 ; à Montepone (Sardaigne), 0f.20.

Dans un rapport récemment présenté au gouvernement belge, M. Dumon inspecteur général des ponts-et-chaussées, émet l'opinion que les frais de transbordement n'entrent que pour une part insignifiante dans les dépenses d'exploitation. La perte occasionnée par le transbordement de la houille, par exemple, varie de 1 à 3 pour 100 seulement.

Pour ce qui est des retards, un wagon de 8 à 10 tonnes demande 4 heures de travail, à deux hommes, alors que tout transit donne 24 heures aux compagnies [2].

Grande réduction de poids mort due à la voie étroite. — Le poids mort des véhicule pour la voie de 1m.50, a été toujours en augmentant à cause de l'accroissement et de la vitesse et de la longueur des convois. Les voitures de première classe de la ligne de Paris à Orléans pesaient à l'origine 140 kilogrammes par place offerte, celles de l'Est et du Nord, construites quelques années après, pesaient 216 kilogrammes par voyageur. Aujourd'hui les premières d'Orléans pèsent 260 kilogrammes et celles de l'Est et du Nord 285 kilogrammes par place. Dans les voitures construites pour la voie étroite, le poids est de 120 à 200 kilogrammes par voyageur.

L'avantage est tout aussi grand pour le matériel à marchandises ; le poids mort varie généralement de 400 à 500 kilogrammes par tonne transportée, pour la petite voie, tandis qu'il varie de 500 à 750 kilogrammes par tonne pour le matériel ordinaire.

Dans ces réductions du poids mort, la part afférente spécialement à la voie étroite, vient du rapprochement de certains point d'appui, ce qui permet de diminuer les équarrissages de pièces travaillant transversalement, telles que : essieux, traverses, etc.....

Nous nous proposons, pour continuer la série des exemples annoncés, de rendre compte maintenant de plusieurs lignes à voie étroite ; nous groupons d'abord 4 lignes qui sont situées parallèlement à une route, et pour les autres nous suivrons l'ordre du tableau (*Annexe n° 2*).

---

1. Voir le plan de la gare commune de Bogsan. *Annales des ponts et chaussées.* Juin 1876.
2. *Notes relatives aux chemins à voie étroite.* Clément-Desormes, Lyon, 1874, page 8.

§ 1. — CHEMINS DE FER PLACÉS AU BORD D'UNE ROUTE.

a) Chemin de fer de Lagny aux carrières de Neufmoutiers et à Mortcerf (n° 5 du tableau). — Cette ligne est en exploitation sur 15 kilomètres, et doit être prolongée de 8 kilomètres pour se raccorder à Mortcerf, à l'embranchement de Coulommiers. Exécutée d'abord pour le transport des pierres, et par suite concédée par l'État comme ligne industrielle, elle a été, sur les instances des populations et du conseil général de Seine-et-Marne autorisée à transporter des voyageurs : toutefois ce service n'a pris jusqu'à ce jour que peu d'extension, la ligne étant encore séparée de la gare de l'Est à Lagny par 2 kilomètres, franchis à l'aide d'un omnibus de correspondance.

La proximité de ce chemin de Paris (28 kilom.) permet de s'y rendre facilement, et ce voyage doit être conseillé à toute personne qui veut voir par elle-même à quel point les chemins de fer de ce type ressemblent extérieurement à ceux de 1^m.50, et quels services ils peuvent rendre.

La voie, au départ de la gare très-simple et économique de Lagny[1], s'engage dans une tranchée peu haute et peu longue, puis elle longe un bois, au détour duquel elle trouve une route départementale. Le chemin de fer est situé parallèlement à la route, dont il est séparé par un fossé ; il n'a pu être mis sur l'accotement de la route parce que l'administration des travaux publics n'a pas cru jusqu'à ce jour pouvoir aliéner, ou du moins pouvoir distraire une bande de la route de l'usage public auquel elle était destinée : une loi à l'étude doit trancher cette question en faveur des chemins de fer secondaires. Le chemin de Lagny, en longeant la route, a obtenu cet avantage de ne couper que des bouts de champs et de ne pas séparer des exploitations, conditions qui se traduisent par une diminution des indemnités et du prix des terrains.

La voie est à l'écartement de 1 mètre entre les rails. Ces derniers sont du poids d'environ 16 kilog. par mètre : hauteur 0^m.80, largeur de base 0^m.65, largeur du champignon 0.04. Les traverses sont espacées de 0^m.75 en moyenne. La largeur du chemin en couronne est de 3 mètres, et de 2^m.60 au sommet du ballast (fig. 4, pl. I).

Les locomotives à 6 roues couplées, du type de Fives-Lille (fig. 11, pl. I), pèsent 13 à 14 tonnes en charge. Les wagons à houille ou à pierre pèsent 2^t,4 pour une charge de 5 tonnes. Il existe des wagons destinés au transport exclusif des pierres, et dont la construction ressemble aux wagons de terrassements : le poids mort est encore plus faible que pour les précédents. Les voitures à voyageurs sont de trois sortes : une mixte à 3 compartiments (de 2^m,16 de largeur intérieure), un de 1re (au milieu), à 6 places ; un de 2e et un de 3e classe, à 8 places chacun ;

---

1. Le bâtiment des voyageurs, le hangard à marchandises et le réservoir d'eau auraient coûté moins de 14,000 francs. *Oppermann, Traité des chemins de fer économiques,* 1873.

ensemble , 22 places. Une 3e classe à 3 compartiments et à 24 places, et une 1re classe à 18 places. Ces véhicules pèsent environ 3t,5 à vide.

Nous croyons pouvoir dire qu'un chemin construit dans des conditions analogues, mais encore plus économiquement parce que la voie serait placée sur l'accotement d'une route, est sérieusement à l'étude dans le même département[1].

b) *Turin à Rivoli* [n° 54 du tableau]. — Cette petite ligne, de 12 kilomètres, met en communication Turin avec une banlieue très fréquentée. Elle est établie sur l'accotement d'une large avenue, et est desservie par des locomotives.

La plateforme a 3m.20 de largeur, le ballast 2m, sur 0m.40 d'épaisseur. La largeur de la voie est de 0m.90 entre les rails, ces derniers pèsent 21k.5, et reposent sur des traverses de $1.80 \times 0.12 \times 0.20$, espacées de 0m.80 en moyenne.

La pente maxima est de 17 millimètres par mètres.

Les locomotives-tenders à 4 roues accouplées, par Saint-Léonard de Liége, pèsent environ 11 tonnes en charge.

Les voitures à voyageurs, de deux classes seulement, pèsent 2,600 kigrammes environ; leur faible largeur ne permet de mettre que 3 personnes par banquettes : de nouvelles voitures auront 4 places par siége.

La vitesse moyenne des trains est de 20 kilomètres à l'heure[2].

Plusieurs chemins à voie étroite sont très-sérieusement à l'étude, et la concession de l'un d'eux est obtenue, près du lac de Lugano.

c) *Lausanne à Echallens* (n° 57 du tableau). — Ligne de 15 kilomètres de longueur, partant de Lausanne à peu de distance de l'extrémité du Grand-Pont, à 20 minutes de chemin environ de la gare de la Compagnie de la Suisse-Occidentale. Dès sa sortie de la gare, la ligne entre dans une rue peu large où la voie a dû être posée en tramway, c'est-à-dire sans saillie, et sans clôture. Pendant plusieurs centaines de mètres le train marche au pas, précédé par un homme frayant le chemin.

Les exigences de plusieurs communes ont conduit à établir le chemin en plein champ sur le quart de sa longueur environ : par contre, quelques villages se sont laissé traverser par la ligne. En outre, la route suivie a dû être élargie de près de 1m.80 en moyenne, sur toute la longueur empruntée, afin de laisser une voie de 5m.40 à la circulation ordinaire.

La ligne présente une courbe de 60 mètres de rayon, 9 de 100 mè-

1. L'un des promoteurs est M. E. Chabrier, auteur d'un remarquable Rapport sur les chemins de fer agricole. — *Société des agriculteurs de France*. Tome V, séance du 11 février 1874. — Tome VI, séance du 6 février 1875.

2. Des renseignements plus complets sont donnés par MM. Joyant et Dumont. Procès-verbal de la séance du 7 janvier 1876 de la Société des Ingénieurs civils.

tres, etc. Le maximum des inclinaisons est de 0.04 sur 600 mètres, 0.036 sur 500 mètres et 0.03 sur 795 mètres.

Le ballast a 2 mètres de largeur en couronne et une épaisseur de 0^m.30, formant une pareille saillie au-dessus de la route d'après le type de la fig. 5, pl. I. Hors de la route, la plate-forme a 3 mètres de largeur en couronne, offrant une banquette de 0^m.20 de chaque côté.

Le matériel roulant et le matériel fixe proviennent du chemin provisoire du Mont-Cenis (système Fell) et sont trop forts pour l'usage auquel ils sont destinés.

La voie, à écartement de 1 mètre, est composée de rails de 6^m,40 de longueur, pesant 29 kilog. le mètre, portés par 6 traverses espacées de 1^m.16, sauf au joint qui est éclissé en porte-à-faux. Ces traverses ont 1^m.50 de longueur, sur 0,16 de largeur et 0,12 de hauteur.

Les bâtiments des petites gares sont en bois et se composent de deux petites salles fermées, comprenant entre elles une troisième salle, fermée de trois côtés seulement et formant abri pour le public.

Les deux machines, achetées à la liquidation du Mont-Cenis et profondément modifiées, n'ont pu convenir au service et ont été remplacées par deux petites locomotives du Creusot, pesant 8 tonnes en charge, et une de Krauss de 14 tonnes.

La vitesse des trains est d'environ 20 kilomètres à l'heure[1].

d) *Chemin du Broëlthal* (Prusse-Rhénane) [n° 52 du tableau]. — La Société a eu connaissance, en 1868, des principales données du chemin du Broëlthal, qui, à cette époque, consistait en une ligne construite sur une route, le rail intérieur étant à fleur du sol[2]. Tout récemment, ce chemin a été prolongé de 10 kilomètres, en dehors de la route, en pleins champs, moyennant une subvention de 225,000 fr. Le prix du kilomètre est descendu de 27.000 à 25,000 fr.; mais, depuis cette extension, et depuis l'admission des voyageurs, la ligne ne fait plus les mêmes bénéfices qu'autrefois.

La fig. 6 de la planche I, représente la coupe transversale de la chaussée. Le jeu pour le passage des boudins est obtenu au moyen de la dépression du macadam, il n'y a aucun contre-rails, bien que le niveau des rails soit au niveau de la chaussée, comme dans un tramway. Cette disposition n'a offert aucun inconvénient, et elle a été plus tard repro-

---

1. M. Moschell : — Journal suisse *Eisenbahn*. Septembre 1874 :

MM. Joyant et Dumont ont donné sur ce chemin d'intéressants renseignements, consignés dans le procès-verbal de la séance du 7 janvier 1876 de la Société des Ingénieurs civils et dans les mémoires de 1876. 2° bulletin. Le service des gares intermédiaires est fait par les *facteurs de la poste*, qui arrivent quelques instants avant les trains, et distribuent les billets. Ils reçoivent de la Compagnie pour ce service, un franc par jour. Il existe également des carnets d'abonnement au parcours kilométrique et au porteur, dont le mécanisme est simple et ingénieux.

2. Voir aussi les *Annales du Génie civil* de 1869 (livraisons de mars et avril), dans lesquelles nous avons donné une description détaillée et des dessins de cette ligne.

duite dans les tramways de Stuttgard, dans un embranchement près de Strasbourg et aux abords d'un pont sur le port de Dieppe.

Il n'y a qu'un seul train par jour, dans chaque sens, et une seule voiture suffit au service des voyageurs.

§ 2. — CHEMINS A VOIE ÉTROITE SUR CHAUSSÉES SPÉCIALES.

1. *Mines de Rochebelle* (Gard) [n° 7][1]. — Établi par la Compagnie des Fonderies et Forges d'Alais, pour amener des charbons à Tamaris : chemin exclusivement industriel. Sa longueur est de 1.861 mètres; il présente une rampe maxima de $0^m.018$ sur 486 mètres, et le rayon minimum des courbes est de 60 mètres. Les locomotives, du petit modèle du Creusot, remorquent 20 wagons vides, pesant ensemble 10,000 kilog., sur la rampe de $0^m.018$. La vitesse moyenne, pour tout le trajet, est de 14 kilomètres à l'heure. En 1873, le prix de revient de l'exploitation a été de $0^f,33$ par tonne, pour un transport de 66,000 tonnes, soit $0^f,177$ par tonne kilométrique.

2. *Mines de Cessous et Trebiau* (Gard) [n° 8][2]. — Pour réunir ces mines au chemin de fer, il a été nécessaire de percer plusieurs tunnels et de construire un viaduc métallique de 171 mètres de longueur, et dont une pile a 51 mètres de hauteur. Toutefois les locomotives ne passent pas sur le pont. Cette ligne ne transporte que des charbons.

Les pentes ne dépassent pas 5 millimètres par mètre. Les courbes descendent jusqu'à 25 mètres de rayon ; les souterrains sont tous en alignement droit. La voie a $0^m.80$ d'axe en axe, 0.766 entre les rails. Les rails, autrefois en fer, de 5 mètres de longueur, aujourd'hui en acier, de 6 mètres de longueur, pèsent 12 kilog. le mètre. Le nombre des traverses, de 7 à l'origine, a été porté à 9 et 10, de $1^m.50$ de longueur, sur $0,10 \times 0,12$, en chêne. Le devers, primitivement de 3 centimètres dans les courbes de 25 mètres, a été porté à $0^m.07$. Le ballast a $0^m.40$ de hauteur.

Les wagons sont ceux de la mine, pesant à vide 450 kilog., et contenant moyennement 925 kilogrammes.

Les locomotives, au nombre de 2 (provenance A. Kœchlin), sont assez lourdes pour la voie et pèsent 8,000 kilog. en charge. Elles fonctionnent à une vitesse d'environ 15 kil. à l'heure, en remorquant 65 wagons. Destinées à fonctionner longtemps dans un souterrain de petite section, elles présentent une disposition spéciale, calquée sur celle des locomotives du Metropolitan de Londres, pour faire passer la vapeur d'échappement au-dessus des caisses à eau, où elle se condense partiellement.

1. D'après M. l'ingénieur Ledoux. *Annales des Mines*, 1874. 1er semestre.
2. *Id.*

3. *Chemin de Mokta-el-Hadid* (Algérie) [n° 13][1]. — Construit pour amener à la mer, à Bône, les produits des mines de fer de Mokta-el-Hadid, province de Constantine.

La plate-forme est plus large qu'il n'est nécessaire, et présente 4 mètres à la couronne : la voie est de 1 mètre. Il n'y a pas de courbes au-dessous de 250 mètres de rayon. La rampe maxima, dans le sens de la remonte des wagons vides, est de 0.0085 sur 300 mètres; dans l'autre sens, la rampe maximum est de 0.0063 sur 500 mètres.

Les rails, du poids de 20 kilog. le mètre, étaient en fer autrefois; ils sont en acier maintenant et de 6 mètres de longueur. Les joints sont éclissés en porte-à-faux. L'espacement moyen des traverses est de $0^m.75$; leur longueur est de $1^m.80$, leur épaisseur 0.12 et leur largeur 0.18 à 0.20; elles sont en chêne. Le prix du mètre courant de voie ballastée est de $17^f.72$ avec les rails en fer, et de 28 fr. avec rails en acier, aux anciens prix du métal. La fig. 15, pl. I, donne le profil du rail en acier.

Les locomotives sont à 6 roues couplées, pesant vides 16,400 kilog. et en charge 21,000 kilog., construites par A. Kœchlin et C°. Elles sont au nombre de 6.

Quelques véhicules ont été aménagés pour le transport des ouvriers.

Les 225 wagons à minerai sont de deux catégories : 1° en bois, pesant 1,900 kilog.; 2° en fer, pesant 2,100 kilog. Leur charge est de 5 tonnes.

Les trains, formés de 40 wagons, pèsent, bruts, 310 tonnes, locomotive comprise. Ils marchent à une vitesse de 17 kilomètres à l'heure. Il y a 7 trains par jour dans chaque sens.

4. *Gorsedda* [n° 21][2]. — Cet embranchement aboutit au port de Portmadoc, et forme avec le Festiniog et le Croësor, la troisième ligne desservant les carrières de ce district du pays de Galles.

La largeur de la voie est celle de Festiniog, $0^m.60$. Les rails à double champignon pèsent seulement 10 kilogrammes par mètre. Les traverses sont espacées de $0^m.58$ en moyenne, et ont $1^m.22$ de longueur, sur $0^m.125$ d'équarrissage. Le poids maximum par essieu n'atteint pas $2^t.5$.

Le maximum des inclinaisons atteint 4 centimètres par mètre, et le minimum des rayons de courbure est de 40 mètres.

Les locomotives-tender à 4 roues accouplées et à chaudière verticale pèsent $4^t.5$ en service : elles remorquent environ 4 fois leur poids sur les rampes de 4.

5. *Chemin de Dinorwic* [n° 22]. — Petite ligne du pays de Galles, desservant des carrières d'ardoises. La voie a $0^m,58$ de largeur seulement, et néanmoins le trafic est conduit par des locomotives.

6. *Tallylin* (pays de Galles) [n° 23]. — Embranchement de 13 kilomètres,

1. D'après M. Ledoux. *Annales des Mines*; 1874.
2. *Engineering*, 11 juin 1875.

pour les carrières d'ardoises d'Aberdovey, près Tallylin, et allant à Abergynolwyn. Il transporte également des voyageurs. La voie est à l'écartement de 0^m.68. La ligne monte depuis Towin jusqu'à l'autre extrémité; elle présente une rampe de 0,015 sur 800 mètres, et de 0.013 sur une grande portion de sa longueur. Au commencement de l'année 1871, deux locomotives suffisaient pour le service : l'une d'elles est à 6 roues dont 4 accouplées à l'avant, et l'autre est à 4 roues toutes couplées. Ces machines remorquent des trains de 33 à 35 tonnes, à des vitesses de 28 kilomètres à l'heure. (*Engineering*. 1er vol. 1871, page 67.)

7. *Arsenal de Chatam* [n° 24]. — Divers ateliers sont réunis par une voie dont la majeure partie constitue un tramway formé de longues plaques de fontes portant deux rainures espacées de 0^m.45. Une toute petite locomotive à bâtis et manivelles extérieures a été construite par Manning-Wardle pour circuler sur ce diminutif de voie. Cette machine peut rivaliser avec la locomotive *Tiny*, des ateliers de Crewe. (Fig. 12, pl. I.)

8. *Petite ligne de Buscot-Park* [n° 25]. — Ce chemin à voie de 0^m.75 dessert une exploitation agricole consacrée principalement à la culture des betteraves, une très-petite locomotive à 4 roues y circule[1].

9. *Norwége* [n°s 26 à 32]. — Des renseignements ont été donnés à la Société, par M. Gottschalk, en 1868, sur les chemins alors établis. Depuis lors, trois embranchements, mesurant 104 kilomètres, ont été ouverts, et nous les trouvons décrits dans un article récent[2]. Leur construction est analogue à celle des premières lignes; les rails pèsent 17^k.5 à 20 kilog. le mètre, et reposent sur des traverses espacées de 0^m.76, sauf au joint qui est éclissé en porte-à-faux sur des traverses espacées de 0^m.45. Les traverses, de 1^m.80 de longueur, sont en bois de sapin, demi-rondes, de 0^m.22 de diamètre.

La largeur en couronne est de 3^m.80; le ballast a une épaisseur de 0^m.50 et une largeur au sommet de 2^m.44.

En outre, 20 kilomètres sont en construction et 280 sont en projet. Sur ces diverses lignes, les inclinaisons maximum atteignent 0^m.022, et le rayon minimum des courbes est de 180 mètres.

Les stations les plus simples consistent en un bâtiment en bois dont une aile sert pour les marchandises.

Le prix pour trois embranchements est, par kilomètre, de 54,000, 41,000 et 109,000 francs.

La vitesse des trains, *arrêts compris*, est de 20 à 25 kilomètres à l'heure et de 30 kilomètres pour les trains directs.

Nous aurons occasion de parler plus loin des frais d'exploitation de ces lignes.

1. *Engineering*, 1er semestre 1871, page 13.
2. Par M. l'ingénieur Lavoine. *Annales des ponts et chaussées*. Juillet 1874.

10. *Suède* [n°s 33 à 42]. — Tandis qu'en Norwége les chemins à voie étroite ont été construits par l'État (après essai de chemins à rails de 25 kilogrammes et à voie normale), en Suède ce sont les compagnies particulières qui ont construit plus de 363 kilomètres de ces chemins, avec des voies dont la largeur varie de 1^m.22 à 1^m.07. Un petit chemin de 10 kilomètres a même été établi avec voie de 0^m.78, entre deux lacs, et ne transporte qu'exceptionnellement des voyageurs.

L'article des *Annales*, déjà cité pour les chemins norwégiens, nous mettra à même de donner plus loin des renseignements intéressants sur l'exploitation.

11. *Chemin impérial de Liwny* (Russie) [n° 43 du tableau]. — La construction de cette ligne a été le résultat d'un rapport favorable à la voie étroite, rédigé par une commission envoyée par le gouvernement en Angleterre, en Suède et en Norwége (1870).

Le pays présentait certaines difficultés de construction [1]. Au milieu de sa longueur, la ligne traverse la rivière Linbovsha sur un viaduc de 128 mètres de long. A ce point, le niveau des rails est 108 mètres plus bas qu'aux stations extrêmes. La plus forte rampe admise est de 0^m.125 ; elle règne sur 8,850 mètres dans un sens et 6,440 mètres dans l'autre.

Les rails ont 6^m.10 de long, pèsent 22^k.3 et ont 0.102 de haut. Le matériel roulant comprend : deux locomotives-tenders pesant 17 tonnes, et 5 locomotives Fairlie, 17 voitures à voyageurs et 266 wagons à marchandises.

12. *Novgorod Tchudowo* (Russie) [n° 44]. — Construit plus spécialement pour les voyageurs [2], dans un pays plat.

13. *Ebensee-Ischl* (Autriche) [n° 47]. — Cette ligne est également appelée à transporter beaucoup plus de voyageurs que de marchandises. Elle relie le lac de la Traun aux bains fréquentés d'Ischl, et se trouve isolée du réseau général des chemins de fer d'Autriche. D'ailleurs le point de débarquement opposé sur le lac est la ville de Gmünden, reliée également par un chemin à voie étroite à la station de Lambach, du chemin allant de Munich à Vienne par Salzburg [3].

14. *Chemins du domaine de la Compagnie des chemins de fer de l'État. De Reschitza à Moravicza* (Autriche-Hongrie) [n° 48]. — Ces lignes sont situées dans le Banat, et sont construites sur un type uniforme, à voie de 0^m.948 entre les rails.

1. A. Stevart. Les chemins de fer à voie étroite en Europe. *Revue universelle des Mines.* 1874.
2. *Id.*
3. *Engineering* du 12 décembre 1873 donne le dessin d'un wagon couvert destiné à cette ligne et exposé à Vienne en 1873. Une locomotive était également exposée.

La largeur de la plate-forme en couronne est de 3 mètres en remblai et de 3^m.15 en déblais, fossés compris ; le ballast a 2^m.05 de largeur et 0^m.250 de hauteur, ces deux dimensions étant prises au niveau du dessus de la traverse.

Les rails, de 0^m.079 de hauteur et de 6 mètres de longueur, pèsent 17^k.4 le mètre. Ils sont éclissés en porte-à-faux et reposent sur neuf traverses, celles qui comprennent le joint étant espacées de 0^m.45, et les autres de 0^m.694. Ces traverses ont 1^m.65 de longueur.

Le chemin et ses branches sont desservis par 3 locomotives-tenders, dont l'une figurait à l'exposition de Vienne. Elles sont à 4 roues accouplées et pèsent 11^t.5 en charge[1].

15. Lignes du gouvernement de Hongrie. — *Banréve-Nadasd* [n° 49]. — Le gouvernement hongrois a décidé la construction d'un certain nombre d'embranchements à voie de 1 mètre. Celui qui nous occupe en ce moment, se raccorde à la ligne de Pesth-Miskolez-Banréve, et il a 31 kilomètres de longueur.

Les rails pèsent 15 kil. par mètre ; les traverses ont 1^m.70 de largeur sur 0.12 d'épaisseur.

La couche de ballast est de 0^m.13 au-dessous des traverses. La largeur de la plateforme est de 3^m.20.

Les courbes ont au minimum 80 mètres de rayon, et les inclinaisons maxima sont de 2 centimètres par mètre.

Les locomotives à 4 roues accouplées pèsent 14 tonnes en service, le tender 8 tonnes.

Schemnitz [n° 50]. — Cette ligne, de 23 kilomètres de longueur, construite par le gouverment hongrois, dans les mêmes conditions générales que la précédente, se détache de la gare de Garam-Berzencse, de la ligne de Pesth à Ruttka. Elle est dans un pays accidenté, et les ingénieurs estiment que sa construction à la voie normale eût coûté trois fois plus que la voie réduite[2].

16. *Chemin à rails en bois, près Agram, Croatie* — L'emploi des rails en bois est ici d'autant mieux justifié qu'il s'agit d'un chemin établi pour l'exploitation des forêts de M. Weiss[3].

Des rails en bois ont été également employés comme voies de remisage par une société de location de wagons de Pesth.

17. *Embranchements du chemin de fer de. l'État prussien de la Silésie Supérieure* (Oberschlesische) [n° 53]. — Ces lignes sont destinées à raccorder à la grande voie des usines ou mines ; elles sont à voie de 0^m.75.

---

1. *Les locomotives à l'exposition de Vienne*, par MM. Deghilage et J. Morandiere.
2. *Engineering*, 6 mars 1874.
3. Heusinger von Waldegg. *Organ fur...* IV, 1873.

Les wagons en fer pèsent 1ᵗ.6 à vide, ils arrivent sur des estacades et sont versés dans les wagons de la voie normale[1].

18. *San Leone (Sardaigne)*[2] [n° 55]. — Ligne assez accidentée, construite par MM. Petin-Gaudet, pour amener des minerais de fer à la mer. Les rails pèsent 13 kilog. à simple champignon, et non éclissés. Les traverses sont espacées de 0ᵐ.75 à 0ᵐ.67, les premières ont duré sept ans. Des traverses en fer ont été essayées sur une section lors du remplacement, en 1872; on a dû renoncer à ces dernières dans les courbes. Les traverses en bois ont 0ᵐ.12 sur 1ᵐ.40 de longueur. En somme la voie est faible, même avec des machines pesant 6ᵗ.6, et la vitesse est limitée à 8 à 10 kilomètres à l'heure.

Les wagons pèsent 1,310 à 1,450 kilomètres, et portent de 3,100 à 3,500. Ils sont montés sur roues en fonte, sans ressorts. Les trains de 12 wagons pèsent bruts 57 tonnes. Sur la rampe de 40 millimètres les machines remorquent 6 wagons vides pesant 9 tonnes et franchissent une courbe de 60 mètres de rayon.

Le prix de la tonne transportée (21,000 tonnes par an) est de 1ᶠ.72, soit 0ᶠ.115 par tonne kilométrique.

19. *Monteponi (Sardaigne)* [n° 56]. — La ligne est dans de meilleures conditions que la précédente. Les wagons sont dignes de remarque, construits en fer et couverts, ils pèsent seulement deux tonnes pour un chargement de 5 tonnes.

20. *Chemins de terrassements du Nord-Est Suisse*[3]. — Cette Compagnie prête à ses entrepreneurs pour les terrassements et le ballastage des voies un matériel de chemins de fer complet à la voie de 0ᵐ.75. Les rails d'un profil bien étudié pèsent 10ᵏ.5 le mètre (fig. 17, pl. I).

21. *Société des chemins de fer secondaires* (Suisse) [n° 59]. — Les chemins de fer à voie de 1 mètre paraissent destinés à se développer rapidement en Suisse. Un premier tronçon a été ouvert en 1875 par la Société, et permettra de juger sur place des services qui peuvent être rendus.

Le tableau donne les principales conditions d'établissement de ces lignes. Nous ajouterons les suivantes : largeur du ballast au niveau du dessus de la traverse, 2ᵐ.40; hauteur, variable suivant le sol, de 0ᵐ.25 à 0ᵐ.50 (fig. 2, pl. I).

Les traverses ont 1ᵐ.80 de largeur et sont au nombre de 9 à 10 par rail de 7ᵐ.90. Ceux-ci pèsent 24 kilogrammes le mètre.

---

1. *Organ.* 1868, IV.
2. M. Stevart, déjà cité. — M. Ledoux, déjà cité. — M. Leseure, *Bulletin de la Société de l'industrie minérale*, 1866.
3. *Eisenbahn.* 23 et 30 juillet, 20 août 1875.

Les gares du plus petit modèle comprennent sous le même toit le service des voyageurs, une petite halle à marchandises et le logement du préposé.

A la station de jonction de Wynkeln, une grue est prévue pour les transbordements.

Les voitures sont du système américain, ou bien à 4 roues et couloir. Leur largeur extérieure est de 2^m.40. Les wagons couverts pèsent 3 tonnes pour un chargement de 7 tonnes[1].

22. *Chemin d'Ergasteria. Mines du Laurium. Grèce*[2]. Cette ligne a été dans ses détails copiée sur celle de Mokta-el-Hadid. Le rail en acier, de 20 kilog, de 0^m.090 de hauteur, pour 0^m.075, s'est bien comporté même dans les courbes raides, et sous le poids de 8 tonnes des essieux d'arrière des locomotives. Les traverses ont 1^m.60 de longueur, sur 0^m.12 d'épaisseur, 0^m.18 de largeur, et 0^m.20 au joint. Elles sont au nombre de 8 par barre de 5^m.50, écartement moyen 0.70.

La plateforme a 3 mètres de largeur; en déblai, avec les 2 fossés, 4^m.60. Le ballast a 1^m.80 de largeur au sommet, et 2^m.50 à la base. La hauteur est d'environ 0^m.30 à 0^m.40.

Les locomotives de 23 tonnes remorquent 14 wagons vides, pesant, chacun 2,650 kilog, sur une rampe de 0^m.035, ou 7 wagons pleins pesant chacun 8,650 kilog, sur une rampe de 0^m.026. La vitesse est de 10 kilomètres environ sur ces rampes, et elle varie de 12 à 20 sur le reste de la ligne.

Le prix de revient pour 41,000 tonnes a été de 0^f.93 par tonne, et de 0^f.14 par tonne kilométrique.

23. *Chemin de fer de l'Etat dans l'Inde anglaise* [n°s 63 à 68]. — Après avoir décidé l'exécution de 1,600^k à la voie de 1 mètre par suite de motifs d'économie, un examen plus approfondi au point de vue stratégique a fait revenir sur cette décision pour un certain nombre de lignes, et réserver la question pour d'autres. Néanmoins 250 kilomètres sont aujourd'hui en exploitation avec la voie réduite, et beaucoup plus sont en construction[3].

Les rails pèsent le plus souvent 20 kilog. le mètre courant, et sont portés par des traverses espacées de 0^m.75 en moyenne.

Les voitures à voyageurs sont lourdes, et pèsent 3^t.75 à 4^t.36. Les wagons à marchandises sont dans de meilleures conditions, et pèsent de 2^t.5 à 3 tonnes pour un chargement de 7 tonnes.

Les locomotives à 6 roues, dont 4 accouplées, sont estimées devoir peser 20 à 22 tonnes dont 16 à 18 utiles pour l'adhérence (fig. 10, pl. I).

---

1. Voir le journal suisse *Eisenbahn*. Octobre 1874, juin 1875. *Engineering*. 1875.

2. D'après M. Ledoux.

3. La question des transports militaires a été étudiée en détail. Voir le rapport au gouvernement anglais dans *Engineering* du 2 décembre 1870.

Le poids relativement assez élevé des voitures à voyageurs, s'explique par certaines exigences du climat indien. Pour se préserver de la chaleur, il faut de doubles planchers, et, au-dessus du plafond, à 20 ou 30 centimètres de distance, un *roof* ou deuxième toiture débordant notablement la première. Les voitures de 1re classe forment une sorte de salon, où prennent place seulement 7 personnes pendant le jour où 5 pendant la nuit. A l'avant, est un compartiment avec lavabo, etc., et à l'arrière se trouve un compartiment pour les servants[1].

D'après les *Annales des ponts et chaussées* de février 1876, une longueur de 1,662 kilomètres de lignes à voie étroite, étaient en construction.

24. *Australie.* [n° 69 du tableau]. *Railways de Queensland.* — Le gouverment provincial de cette partie de l'Australie, a adopté la largeur de 1m,07 pour les chemins de fer, et depuis près de 10 ans ans, plus de 330 kilomètres ont été mis en exploitation. Les lignes ouvertes avant 1867 présentaient des inclinaisons de 22 millimètres, et des courbes de 100 mètres de rayon[2].

Les locomotives étaient de 3 types, les deux premiers ont un tender séparé :

1o A 6 roues dont 4 accouplées, et un essieu de support à l'arrière, pourvu de *boîtes radiales système Bridges Adam ;* poids total 15 tonnes.

2° A 8 roues dont 6 accouplées ; poids 20 tonnes ;

3° A 12 roues, du système Fairlie, poids 30 tonnes ;

Les rails de ces mêmes lignes pesaient 20 kilog. par mètre, et reposent sur des traverses espacées de 0.75 en moyenne.

Les véhicules à voyageurs, offrent 30 ou 48 places suivant la classe, et sont à 6 ou à 8 roues.

Les wagons à marchandises sont à 4 ou à 6 roues.

Le prix varie, suivant les sections de 72,000 fr. à 180,000 fr. par kilom.

25. *Australie du Sud.* [n° 70]. *Port Wakefield à la plaine de Hoyle*[3]. — Cette ligne a été établie comme si elle devait être desservie par des locomotives, bien que la traction y ait été, dès l'origine, faite par des chevaux.

Elle traverse un pays facile, et a coûté 50,000 francs par kilomètre. Les rails du poids de 20 kilogrammes pont portés par des traverses espacées de 0m,70 centimètres.

Les tranchées ont 4m,80 de largeur à la partie inférieure, fossés compris. Une rampe continue de 12,5 millimètres règne sur les 22 premiers kilomètres. Les voitures à voyageurs sont aussi légères que possible, elles

---

1. Voir les dessins du rail et du matériel dans *Engineering* : Année 1872, 9 août, 6 septembre, 27 décembre.

2. *Light Railways* (chemins de fer légers). M. Fox. Institution des ingénieurs civils anglais, 1866.

3. *Engineering* du 8 avril 1870.

pèsent 2,000 kilogrammes, et peuvent contenir 40 personnes à l'intérieur, et 10 personnes sur la plate-forme.

Plusieurs chemins à rails légers, mais à la voie de 1^m,60 primitivement adoptée dans le pays, ont été exécutés vers la même époque. Les conditions générales d'établissement sont les mêmes, sauf l'augmentation de largeur. Le prix a été de 70 à 80,000 francs. L'une de ces lignes est exploitée au moyen de chevaux ; sur une autre, les trains sont remorqués par des locomotives de 17 à 22 tonnes.

26. *Chemin de Denver et Rio-Grande* [n° 77 du tableau]. — Ce chemin de fer, qui part du Colorado, se prolonge dans le Texas. C'est une des premières longues lignes exécutées en Amérique à voie étroite.

Les voitures sont du modèle ordinaire américain, et assez confortables. Les locomotives, la plupart de Baird et Compagnie (ex-Baldwin) sont également une réduction du modèle américain, avec un truck bissel à une paire de roue à l'avant.

Ce chemin possède aussi des locomotives du type Fairlie, dont le poids est de 26 tonnes réparti sur 12 roues.

Les wagons à marchandises sont à 8 roues et à 4 roues ; le nombre de ces derniers à une tendance à s'accroître, surtout en ce qui concerne les plate-formes et les wagons à charbon. Les poids indiqués au tableau se rapportent aux premiers échantillons de matériel livré, alors que les usines n'avaient aucune expérience de cette construction[1] ; les nouveaux wagons sont moins lourds, paraît-il.

Les 120 premiers kilomètres ont coûté 46,000 francs par kilomètre ; mais pour le reste de la ligne où le pays est accidenté, la dépense kilométrique s'est élevée à 62,000 francs.

La Compagnie du Denver et Rio-Grande, a publié en 1874 son deuxième rapport annuel, et à donné quelques renseignements sur son exploitation. Une liste des chemins de fer à voie étroite, que nous reproduisons aux annexes, établit ainsi la situation de ces lignes au 1er juillet 1874.

En exploitation. . . . . 3,280 kilog.
En construction. . . . . 12,155 kilog.

27. *Costa-Rica.* [n° 80][2]. — Divers tronçons d'un chemin, destiné à relier la capitale San José avec l'Océan Atlantique, sont en exploitation et forment une longueur d'environ 60 kilomètres. La largeur de la voie, est de 1^m,07, Les inclinaisons admises sont de 4 centimètres par mètre.

Le matériel qui circule sur ces lignes est du type américain.

Les rails pèsent 21 kilog., et les traverses sont espacées d'environ 0^m,80.

28. *Pérou. Patillos.* [n° 82]. — Le but principal de cette ligne, est

---

1. Voir *Engineering*, 1871 2e semestre, page 414 et 431.
2. Renseignements rapportés du pays même par M. Ed. Morandiere, en 1876.

d'amener au port de Patillos le nitrate de soude fabriqué dans la montagne.

Les rails pèsent 17^k,5 le mètre.

Les rampes maximum sont de 35 millimètres, et les locomotives de 26 tonnes du système Fairlie y remorquent des trains de 80 tonnes, non compris leur poids.

Les wagons portent 6 tonnes et pèsent 2,200 kilog.

29. *Bolivie. Madeira-Mamoré* [n° 85]. — Ce chemin de 240 kilomètres de longueur, a été entrepris par le Brésil et la Bolivie, pour suppléer à la navigation de la rivière Mamoré, sur un parcours où se rencontrent des rapides[1]. La largeur de 1 mètre a été adoptée.

Les wagons sont portés par des châssis en fer très-robustes[2].

30. *Brésil. Canta-Gallo* [n° 86]. — La première section de ce chemin traverse une montagne et a été munie, dans beaucoup de ses parties, d'un rail central, système Séguier-Fell, comme le chemin provisoire du Mont-Cenis. L'adoption de ce système, a conduit à l'établissement de machines très-lourdes, et par suite, à l'adoption de rails de 32 kilog. pour la partie en montagne[3].

RÉSUMÉ DU CHAPITRE II. — Les conditions d'établissement des chemins de fer à voie étroite sont des plus variées ; nous allons résumer les termes extrêmes. Le tableau inséré plus loin, montrera que depuis 6,000 francs par kilomètre, il existe en quelque sorte des chemins de fer à tous prix.

Les largeurs de voie varient de 0,45 (arsenal de Chatam), à 1^m.22. Les plus usitées sont celles de 0^m.76, 0^m.93 (États-Unis), 1 mètre (Lagny, Inde), et 1^m.067 (Norwége, Russie). Les poids des rails sont de 12, 16, 17^k.5, 20, 23, 26 et 31 kilog. par mètre courant.

Rails de 12 kilog. en acier (Cessous et Trébiau), l'espacement moyen des traverses est de 0^m.60 pour des essieux de locomotives exerçant une pression de 4 tonnes. Les traverses ont 1.50 × 0.10 × 0.12 pour une voie de 0.766.

Rails de 16 kilog. (Lagny), traverses espacées en moyenne de 0^m,75 et ayant 1.60 × 0.10 × 0.16 : locomotives de 4^t.5 par essieu.

Rails de 20 kilog. en fer (Norwége), traverses espacées de 0.^{m}75, en bois de sapin, demi-rondes de 0.22 de diamètre et de 1^m.80 de longueur. Les locomotives ont 7 tonnes par essieu. Pour le chemin de Mokta, les

---

1. *Engineering* du 3 mai 1872.

2. *Id.*, du 27 juin 1873.

3. Voir le dessin de la locomotive dans *Engineering* du 5 juillet 1872, et divers renseignements au compte rendu de la séance du 19 mai 1876. Pour la description de la ligne voir *Engineering* du 28 juin 1872, et la séance du 7 septembre 1872 de la Société des ingénieurs civils.

rails sont en acier, les traverses ont 0.12 sur 0.20, les autres conditions étant analogues.

Rails de 23 kilog. (Suisse), espacement moyen des traverses 0^m.98 : les traverses ont 1^m.80 de longueur, et les locomotives exercent une pression de 7^t,5 à 8 tonnes par essieu.

Les courbes de plus petit rayon, 25 mètres de rayon, se trouvent sur le chemin de Cessous à Trebiau, et les rampes de plus forte inclinaison, 7,5 centimètres par mètre, sur le chemin de Tavaux, et en Algérie.

La vitesse des trains varie sur ces diverses lignes de 10 à 35 et même 40 kilomètres à l'heure.

———

CHAPITRE III.

CONSIDÉRATIONS DIVERSES SUR LA LARGEUR A DONNER AUX CHEMINS DE FER A VOIE ÉTROITE.

La question de la largeur à donner aux chemins de fer à voie étroite a été vivement discutée. M. Spooner, l'ingénieur du chemin du Festiniog (à voie de 0,60), trouve que la largeur de 0,76 est suffisante. M. Fairlie, l'un des champions de la voie étroite, a indiqué dans nombre de mémoires et de meetings que la voie de 3 pieds (0^m,91) permettait d'obtenir une bonne utilisation du matériel, par rapport au poids utile transporté. Cette dimension a été admise par la plupart des chemins à voie étroite aux États-Unis, notamment par le Denver et Rio-Grande. L'administration de l'Inde anglaise a adopté, comme largeur, le *mètre* entre les rails. D'un autre côté, la commission russe a conseillé l'adoption de la voie de 3 pieds 6 pouces (1^m,067), laquelle a été par suite adoptée en Livonie. Enfin divers chemins en Suède ont adopté la voie de 4 pieds (1^m,22).

Nous pouvons citer en France des voies de 0^m,80, 1 mètre et 1^m,10, et en Algérie des voies de 0^m,70, 1 mètre et 1^m,10.

Il est évident qu'il ne saurait y avoir de règles absolues sur ce sujet, et qu'une certaine latitude doit être laissée à ceux qui établissent les chemins. Mais, d'un autre côté, il est de leur intérêt, dans un même pays, d'adopter autant que possible une largeur uniforme, afin de trouver à l'avance chez les constructeurs, sinon des objets tout manufacturés, au moins des types et des modèles déjà exécutés, consacrés par la pratique, évitant des frais d'études et quelquefois des mécomptes. En outre, des embranchements isolés pourront s'entr'aider et se prêter momentanément du matériel en le chargeant sur des trucks de grande ligne pour le faire parvenir d'un point à un autre. Il est certain que l'économie de la voie réduite tient surtout à l'emploi de matériaux légers, et quelques centimètres de largeur de plus ou de moins ne peuvent changer du tout au tout les résultats économiques attendus. Parmi les diverses raisons qui peuvent porter à rétrécir la voie autant que possible, la principale est la facilité indiscutable donnée pour le passage dans les courbes [1].

Il faut cependant, dans cette réduction de la voie, se tenir dans une juste limite, car les voitures trop étroites donnent moins d'effet utile que les voitures suffisamment larges, et l'une des dispositions les moins bonnes est celle de l'omnibus avec banquettes en longueur; ce type, pour une largeur moyenne de 2 mètres, donne un demi-mètre carré de surface de plancher par voyageur, tandis que la voiture de Lagny nous donne seulement 0,43^{m2} par voyageur; s'il s'agit d'une voiture à couloir extérieur ou intérieur (disposition presque indispensable pour une exploitation économique), il faut, en supposant 0^m,50 de largeur par voyageur et des compartiments d'une longueur moyenne de 1^m,50, une largeur de 2^m,10 pour avoir la même utilisation que dans l'omnibus. Une largeur de 2^m,50 à 2^m,60 serait nécessaire pour rentrer dans les conditions de la voiture de Lagny.

Il est généralement admis que les voitures de la voie étroite peuvent avoir 2 fois 1/2 la largeur de la voie; par suite, 2^m,60 à 2^m,50 correspondraient à une voie de 1 mètre. La largeur de 0,90 adoptée en Amérique paraît donc un minimum pour des chemins transportant beaucoup de voyageurs, et la voie de 1 mètre paraît très-bien répondre au désidératum.

Mais, si le transport des voyageurs est accessoire, une voie de 0^m,75 donnant encore une largeur de voiture de 1^m,80, serait suffisante. Cette dimension extérieure est comparable à celle des camions, des charrettes et des autres voitures agricoles, ce qui permettrait aux wagons d'entrer sans difficulté dans les cours des fermes, ou dans les enceintes des entrepositaires, pour y être chargés directement. De la sorte le transbordement se trouvera ramené aux conditions actuelles, c'est-dire, à une seule opération exécutée dans la gare de jonction avec la grande ligne.

La question a été sinon résolue, au moins très-bien posée, dans un Mémoire rédigé par une commission nommée spécialement par l'Union des chemins de fer allemands [2]. La conclusion est qu'il est de l'intérêt commun, concessionnaires et exploitants, de n'avoir que deux largeurs, 0,75 et 1 mètre. La première, avec rayon minimum de courbes de 60 mètres, serait employée lorsque les transports minéraux domineront; la deuxième largeur, avec rayon minimum de 80^m, conviendrait pour les nombreux transports de voyageurs, de bestiaux ou matières volumineuses.

La Suisse s'est pratiquement rangée à cet avis, comme nous avons pu le voir par les quelques exemples cités; et la Hongrie a adopté la voie de 1 mètre pour quelques lignes établies par le Gouvernement.

---

1. M. Goschler a donné la démonstration théorique de ce fait, dans les mémoires de la Société des ingénieurs civils. 1873. 2e cahier, page 354.

2. *Organ* de 1869. Un extrait est donné dans l'Annexe n° 8.

CHAPITRE IV.

DES TRAMWAYS CONSIDÉRÉS COMME CHEMINS DE FER ÉCONOMIQUES.

Les tramways doivent être comptés parmi les chemins de fer économiques; ils peuvent s'établir sur une route existante, et par suite évitent la dépense de la construction d'une chaussée spéciale. Toutefois le type qui se trouve jusqu'à ce jour adopté pour les rues est très-cher et ne doit être employé qu'avec discernement ou après modification.

En effet, le tramway de Paris à Versailles, construit sur le milieu de la chaussée d'une route, en rails de 16 kilog., a coûté, rien que pour l'établissement de la voie (sans les bandes latérales en pavé reconnues nécessaires aujourd'hui), la somme de 16,000 francs par kilomètre; tandis que le chemin de Tavaux-Pontséricourt n'a coûté que 12,000 francs pour ce chapitre. La forme du rail du tramway prend une grande partie du métal pour la rigole et le contre-rail, de sorte que la hauteur est notablement moindre que dans le rail de 13 kilogrammes de Tavaux-Pontséricourt. La longrine en bois compense, il est vrai, cette diminution de force, mais elle-même devant être faite en bois équarri est une source de dépense. En outre, les traverses donnent à la voie un entretoisement indispensable lorsqu'il s'agit de circuler avec des locomotives.

Si nous exceptons le Broelthal, et quelques essais de locomotives avec ou sans feu dans divers pays, nous ne connaissons pas d'exemples de tramway à vapeur[1]. Nous en aurons bientôt un aux portes de Paris, après la transformation du chemin du Port-Marly, mais ce ne sera pas un chemin économique. Les rails Vignoles pèseront 35 kilos, et d'après une note au *Journal officiel* du 13 septembre 1874, la dépense de la voie sera d'environ 35,000 francs par kilomètre. Le prolongement jusqu'au bassin de Marly-le-Roi devait-être, paraît-il, exécuté d'après un type spécial, variante du système Séguier-Fell, sur lequel l'attention de la Société a été déjà attirée[2]. Mais il paraît que cette complication bien inutile est maintenant écartée.

Le même article de l'*Officiel* nous indique qu'un décret a été délibéré en conseil d'État pour la concession d'un autre tramway à vapeur de Perpignan au Pont-du-Ceret, et que le conseil d'État a été d'avis que les lois et règlements actuels concernant la police de la grande voirie étaient insuffisants pour garantir la circulation des tramways à vapeur, et ne

---

1. Les essais faits en France ont déterminé la nomination d'une commission chargée d'examiner la question de la traction mécanique sur les tramways. Le *Journal officiel* du 27 août 1875 donne à la page 7284 le texte de la loi promulguée en Belgique le 9 juillet 1875 sur les tramways à traction animale ou mécanique.

2. Voir système Goudal et Saint-Pierre, Séances et Bulletin de 1869.

permettaient pas de dresser procès-verbal contre ceux qui y laisseraient séjourner des bestiaux, charrettes, etc. En conséquence, un projet de loi et un projet de règlement d'administration sont à l'étude sur ce sujet. Ils ont été déposés à l'Assemblée nationale le 17 mars 1875. Sur les routes les contre-rails disparaîtraient, et une disposition analogue à celle adoptée au Broelthal pourrait être adoptée[1].

Une bonne précaution consisterait à donner extérieurement à la locomotive la physionomie des wagons, comme on le fait en Amérique, même pour les chemins aériens de New-York. Il a été reconnu que les chevaux étaient ainsi bien moins effrayés.

RÉDUCTION DANS LE PRIX D'ÉTABLISSEMENT DE LA VOIE DES TRAMWAYS. Nous venons de dire que la voie des tramways coûtait cher, surtout dans les villes; quelques lignes de Londres ont dépensé 100,000 francs par kilomètre de double voie, et le rapport de la Compagnie des omnibus de Paris, présenté à l'Assemblée générale des actionnaires du 31 mars 1876, nous apprend que la voie de la ligne de l'Étoile à la barrière du Trône ressort à 64,602 francs par kilomètre.

Quelques essais ont été faits pour diminuer le prix de la voie des tramways. Nous pouvons citer les suivants :

Tramways de Laeken (Bruxelles) et de Louvain (1873-1874). — Le rail employé est un rail en U, sorte de rail Brunnel sans ailes, pesant 11 kilog. le mètre, qui se pose à cheval sur la longrine. La rigole pour le passage des boudins est formée par les pavés qui bordent le rail (fig. 18, pl. I).

Tramways de Stuttgard (1868). — La voie est entièrement en fer, et formée d'un rail de 26 kilog., système Hartwich, de 0^m.185 de hauteur, et de 0^m.09 de largeur à la base, et de 7^m.45 de longueur. Les rails sont éclissés et maintenus, en outre, par des entretoises rondes en fer. La rigole est faite par une entaille ménagée dans les pavés de bordure. La voie complète pèse 55 kilog. par mètre, et le rail est trop robuste pour le poids des véhicules supportés.

Tramways du faubourg de Schiltigheim, à Strasbourg (1872). — Cette ligne reliée à l'embranchement *des Brasseurs* sert exclusivement au

1. Voir aux Annexes le texte de ces projets.

L'adoption de la disposition de voie sur un accotement en saillie (type de Tavaux), disposition que les motifs développés au présent chapitre signalent comme la plus avantageuse à tous égards, ne paraît admise que comme tolérance, d'après la rédaction actuelle de l'article 1er du projet de règlement.

L'article 9 impose l'ordonnance de 1846 aux nouveaux chemins; or cette mesure n'a même pas encore été prise à l'égard de chemins d'intérêt local, on se contente pour eux d'insérer dans le cahier des charges les dispositions principales à observer. S'il devait être innové en cette matière, ne serait-ce pas le cas de produire le règlement libéral que semblait promettre le rapport de M. le comte Le Hon sur la loi de 1865.

service d'une grande tannerie voisine. L'essai de la disposition de Stuttgart avait été autorisée en principe, sur un rapport présenté au conseil général des ponts et chaussées en janvier 1870, par M. l'inspecteur Coumes. Les rails pesant 26^k.5, ont 0^m.185 de hauteur, 0^m.09 de largeur à la base, et 0^m.048 de largeur au champignon. Leur longueur est de 6 mètres, ils sont éclissés, et entretoisés par des fers plats (fig. 20, pl. I).

La rangée de pavés formant bordure intérieure est fortement inclinée à sa partie supérieure, afin de laisser passer les boudins des grands wagons à voie de 1^m.50 qui y circulent. La traction s'opère au moyen de chevaux, mais elle pourrait se faire au moyen de locomotives portant 8 tonnes par essieu.

La voie de ce tramway, consistant en un rail sans traverse, est remarquable. Elle contraste avec la voie à contre-rails usitée sur nos ports, et avec celle des tramways de Lille (fig. 21, pl. I), où l'écartement des contre-rails, réglé à 0,04 environ, est trop grand pour beaucoup de voitures et chariots qui s'y engagent. Son prix est, pour ainsi dire, indépendant de la largeur de la voie. Un rail de même type, mais réduit à 16 ou 20 kilog., suffirait pour des chemins légers à véhicules n'ayant pas plus de 5 tonnes par essieu.

Tramway de l'Amérique du Sud. — Le rail fourni par l'usine de Seraing, croyons-nous, a pour point de départ la forme Vignoles ; le champignon présente en outre un appendice latéral tourné vers l'intérieur de la voie, et accusant la forme que doit avoir la rigole (fig. 24, pl. I).

Tramway de Moscou (1874). La voie est formée par un rail Vignoles en acier, posé sur traverses en bois, et pesant 18 kilog. par mètre (fig. 23, pl. I); sa hauteur a été fixée à 0,125 afin de laisser mettre une rangée de pavés au-dessus des traverses. (*Annales industrielles* du 7 janvier 1875.)

CIRCULATION DES WAGONS A VOIE DE 1^m,50 SUR LES TRAMWAYS. Les tramways construits jusqu'à ce jour en Europe sont, en général, à voie de 1^m.50 environ. Il est facile de voir à l'inspection d'une coupe transversale de voiture, que rien ne s'oppose à ce que cette largeur soit rétrécie. La figure 19, pl. I, empruntée à l'*Organ* de 1875 montre l'étude d'un omnibus pour voie de 0^m,75.

Les tramways d'Anvers sont à la voie de 1^m,37, ceux de Moscou à la voie de 1^m,524.

La largeur généralement admise pour les tramways, a fait penser qu'ils pouvaient servir à la circulation des wagons ordinaires. Mais le peu de largeur donnée à la rigole les rend impropres à cet usage. Il faut modifier la voie et recourir à la disposition de Strasbourg, ou faire un rail à ornière très-large comme à Liége (fig. 22, pl. I).

Monsieur Raillard, ingénieur des ponts et chaussées, chargé du contrôle des tramways de Lille, a été amené à faire une étude complète de cette question[1].

Il a donné des renseignements intéressants sur les tramways de Belgique, et montré par les faits de la pratique et par les calculs que les wagons ordinaires demandent des rayons de courbure de 50 mètres au moins; les véhicules à voyageurs des tramways ordinaires passent dans des courbes de 15 mètres de rayon. Les raccordements avec les fabriques et usines dans l'intérieur d'une ville, sont rendus impossibles parce que la largeur des avenues ne permet pas de se détacher avec le rayon de courbure voulu : l'emploi des plaques tournantes est impraticable, et celui des chariots sans fosse est cher et peu admissible.

La voie des tramways de Lille ne paraît pas à recommander, d'après l'expérience faite, tandis que la voie de Liége n'a pas donné lieu aux mêmes plaintes.

En résumé les diverses considérations qui précèdent, montrent que souvent l'emploi d'un tramway ne procure pas une grande économie. L'augmentation de prix qu'il faut mettre à la voie avec les systèmes connus jusqu'à ce jour sera équivalente, sinon supérieure dans bien des cas, à la dépense de l'élargissement de la route suffisante pour mettre la voie en saillie.

Il faut ajouter, au point de vue de l'économie de l'exploitation, que les voies posées en tramway présentent sur les autres un grave inconvénient, celui de l'augmentation de la résistance au roulement. Des expériences ont donné 7 à 10 kilogrammes par tonne de véhicule; mais, lorsque les rails sont couverts de boue, ce chiffre augmente rapidement et se rapproche de la résistance sur macadam, qui est d'environ 30 kilogrammes dans ces conditions. Pour éviter ce désavantage, il suffit de placer le plan supérieur des rails à 10 centimètres environ du niveau de la chaussée : la voie forme alors une sorte de trottoir, analogue d'ailleurs aux berges surélevées de beaucoup de routes.

L'usage des contre-rails ou des rails à ornière est donc à éviter, et lorsqu'il s'agira de traverser un village, ou lorsque des circonstances particulières conduiront à enfoncer la voie dans le sol, la voie à rails, du modèle Hartwich pour tramways est préférable; en dehors de ces circonstances, une voie mise sur un accotement en saillie, à rails d'acier d'aussi faible échantillon que possible, reposant sur un grand nombre de traverses, paraît à la fois la plus économique d'établissement, la plus élastique et la plus stable, la moins onéreuse d'entretien, et celle donnant le meilleur roulement.

1. *Annales des ponts et chaussées*, novembre, 1875.

CHAPITRE V.

FRAIS D'EXPLOITATION.

Ce point est un de ceux sur lequel les informations précises sont des plus précieuses, et c'est un de ceux où elles manquent le plus par suite des intérêts contradictoires mis en jeu, et, disons-le aussi, par suite d'un certain nombre de déceptions qui craignent la lumière.

Beaucoup de lignes secondaires espéraient faire au moins leurs frais d'exploitation, comptant sur diverses réductions des détails du service, comparativement aux lignes ayant un grand nombre de kilomètres. Mais, par contre, les frais généraux influent pour une part très-considérable, et les frais de renouvellement viennent, au bout de peu de temps, grossir le total des dépenses d'exploitation.

Dans l'organisation des petites lignes on ne s'est pas suffisamment inspiré des exemples économiques, cités par M. Bergeron, pour montrer comment « une petite Compagnie locale est plus en état que la grande, d'exploiter avec avantage un embranchement[1]. »

Il n'est donc pas étonnant que les résultats aient trompé les espérances.

Charges de l'exploitation, dérivant de certaines économies de construction. — Le *bon marché* des dépenses de premier établissement provient quelquefois de l'inobservation des conditions convenables de bonne construction, et alors les dépenses d'entretien deviennent très-considérables. Souvent aussi la ligne est équipée d'une manière très-insuffisante, et les premières installations doivent être successivement complétées. C'est ainsi que l'ensemble des lignes de l'État belge coûtait 72,000 francs par kilomètre en 1836, et que le prix s'est élevé à 358,000 francs en 1862[2]. Il était de près de 500,000 fr. en 1873.

Lorsque les aménagements d'une ligne cessent de répondre au développement du trafic, toute augmentation devient une source de perte. Le rapport de la Compagnie du Midi pour l'année 1872, nous montre que la marchandise ayant afflué, les dépenses de manutention se sont élevées dans un tel rapport qu'il en est résulté un déficit sur l'année précédente.

Dans un grand nombre de lignes récentes, des économies apparentes ont été réalisées sur le premier établissement, mais à la condition de reporter sur l'exploitation des charges considérables, qui doivent toujours être acquittées avant tout autre prélèvement.

1. Ch. Bergeron. *Les chemins de fer à bon marché.* 1863, page 29.
2. R. Morandière. *Observations sur les chemins de fer à bon marché.* Dunod, 1869.

C'est ainsi que l'économie obtenue en empruntant une partie de ligne déjà construite, se traduit par une redevance annuelle; il en est de même pour l'usage de gares communes, en dehors de la contribution aux frais d'exploitation proprement dits.

Un exemple nous est fourni par l'embranchement local de Magny, lequel emprunte une partie de la ligne de Paris à Gisors pour aboutir à la gare commune de Chars.

La redevance annuelle sur les dépenses d'aménagement à la gare, est de. .... 3 960 fr.

En sortant de la gare, les trains de la Compagnie locale empruntent, à la grande Compagnie, la deuxième voie posée spécialement à cet effet, moyennant. 1 080

Enfin, les rails de la Compagnie locale sont placés pendant 500 mètres environ sur les terrains de la grande ligne, et il est payé pour cela également. 1 080

La redevance totale annuelle se monte à. 6 120

Cette somme représente l'intérêt d'un capital industriel d'environ 100,000 francs.

Le chemin de fer de Gisors à Pont-de-l'Arche avait trouvé plus avantageux d'établir ses gares terminus à côté de celles de la grande ligne, et de se relier par une simple aiguille, dans les conditions d'un embranchement particulier (fig. 25, pl. I).

Il peut se trouver des cas où la gare commune soit néanmoins avantageuse, et ce serait une erreur de croire que l'adoption de la voie étroite puisse devenir un obstacle à l'emprunt d'une gare ou d'un tronçon de ligne existante. Il suffit en effet de placer un troisième rail intermédiaire, comme cela a été fait depuis longtemps par le Great-Western, et comme le font les administrations qui ont à la fois des lignes à voie large et à voie étroite, en Norwége, en Hongrie, etc.

Exemples divers de résultats d'exploitation. — MM. Joyant et Dumont ont donné les renseignements suivants[1] : 1° Ligne de Lausanne à Echallens, pour la première année d'exploitation, recette kilométrique de 5,329 francs. La dépense a été sensiblement la même, mais on espère la réduire à 3,600 francs ; 2° pour la ligne de Turin à Rivoli, l'année 1873 a donné une recette de 9,300 francs par kilomètre, contre une dépense de 5,800 francs, laissant un bénéfice net d'environ 2,500 francs, soit près de 4,5 pour 100 du capital dépensé.

Le chemin du Broelthal avait donné les résultats ci-dessous en 1864, alors que sa longueur était de 22^k,5.

Recette brute kilométrique. .... 3 100 fr.
Dépense   id..................... 1 500
Recette nette................. 1 600

1. Séance de la Société des Ingénieurs civils, 7 janvier 1876.

Le capital d'établissement étant d'environ 25,000 francs par kilomètre, le taux du bénéfice ressort à 6,5 pour 100. Mais après l'achèvement du prolongement sur Waldbroel, la longueur totale devint 32^k,5, et le bilan de l'exercice 1871 n'accuse plus que 850 francs de recette nette par kilomètre : le dividende prélevé est tombé à environ 1 pour 100 du capital d'établissement[1].

Le rapport pour 1873 du chemin de Denver à Rio Grande compare les résultats des exercices 1872 et 1873, qui se résument ainsi :

	1872.	1873.
Longueur exploitée.................	160 kil.	189 kil.
Recette par kilomètre..............	9 500 fr.	10 400 fr.
Dépense par kilomètre.............	6 300	4 800
Recette nette.................	3 200	5 200

Un allongement de 29 kilomètres n'a pas fait augmenter sensiblement la dépense d'exploitation, de telle sorte que la dépense kilométrique a diminué, alors même que la recette brute, c'est-à-dire le trafic, augmentait notablement.

Dans un compte rendu très-intéressant de la ligne d'Avricourt à Cirey[2], MM. les ingénieurs Varroy et Bauer ont donné des renseignements détaillés sur le mode d'exploitation de cette ligne et sur ses résultats :

En 1873, la recette kilométrique a été de............	7 737 fr.
Et la dépense de...............................	4 833
Recette nette......................	2 904

La dépense kilométrique de premier établissement étant de 80,660 fr., le taux du revenu serait de 3,6 pour 100 ; mais par suite des subventions accordées, le capital industriel engagé n'est que de 26,000 francs par kilomètre, et l'intérêt ressort à 11,2 pour 100. Une somme de près de 1,000 francs par kilomètre a été mise à la réserve pour commencer la constitution d'un fond de renouvellement de la voie et du matériel roulant. Sage mesure qui devrait toujours entrer à l'avance en ligne de compte dans les prévisions budgétaires faites lors de l'organisation des Sociétés d'exploitation de chemins de fer.

Le chemin de Liwny, pour sa première année, en 1872, a dépensé 8,000 francs pour une recette kilométrique de 8,200 francs.

1. Voir le bilan *Annexe* n° 7.

2. *Compte rendu statistique de la construction du chemin de fer d'intérêt local d'Avricourt à Cirey*, par MM. Varroy et Bauer. — Dunod, 1874. Cette ligne est exploitée par la Compagnie de l'Est.

Au milieu de la pénurie que nous avons signalée de renseignements complets et officiels sur les frais d'exploitation des Compagnies locales de chemins de fer secondaires, la Note de M. Lavoine sur les chemins de fer de Suède et de Norwége [1] est un précieux document.

Nous relevons les chiffres suivants pour l'année 1871 :

DÉSIGNATION.	RECETTES brutes.	DÉPENSES d'exploitation	RECETTES nettes.
	fr.	fr.	fr.
1154k Chemins de l'État en Suède, voie de 1m.50..	9.576	4.816	4.760
375k Chemins des Cies id. id.......	10.900	5.140	5.760
263k Id. id. voie réduite...	6.300	3.000	3.300
230k Chemins de l'État en Norwége, voie réduite.	3.400	2.700	700

Des chiffres aussi faibles pour les dépenses d'exploitation ne peuvent s'expliquer que par l'extrême bon marché de la main-d'œuvre dans les pays considérés. Il ressort aussi de la statistique que les wagons sont bien mieux utilisés, ce qui s'explique par des facilités de délai de livraison et de détails d'exploitation dont ne jouissent pas les pays plus peuplés, où la circulation est plus active.

Les renseignements donnés par M. Lavoine sont néanmoins fort intéressants; ils nous engagent à aller rechercher sur place s'il n'y a pas quelques agissements pratiques à imiter, et, en tous cas, ils mettent bien en relief ce que, *dans un même pays*, la voie étroite a pu réaliser d'économie par rapport à l'autre voie.

Avec le mode d'exploitation aujourd'hui usité pour les lignes secondaires, il paraît bien difficile de descendre au-dessous des minimum connus pour les embranchements des grandes lignes, ayant des trafics de 5000 à 15000 fr. par kilomètre, et c'est ce que nous disent des directeurs d'exploitation d'une ligne secondaire [2]. D'après eux, les frais peuvent descendre au taux ci-dessous par kilomètre.

Dépenses du service commercial. . . . .   1700 fr.
Dépenses du service technique.   2300
Ensemble.   4000
A ajouter, pour annuité de réfection du matériel.   1000
Total des dépenses par kilomètre.   5000

Ces dépenses iraient très-peu en augmentant lorsque le trafic augmen-

---

1. *Annales des ponts et chaussées*, juillet 1874.

2. *État actuel des chemins de fer*, par MM. Du Lin, directeur de l'exploitation commerciale (Mammers à Saint-Calais), et Fousset, ingénieur, chef des services techniques (Mammers à Saint-Calais). — Chaix, mai 1874.

terait, et s'accroîtraient peu à peu jusqu'à atteindre 6 000 francs pour une recette kilométrique de 12 000 francs.

De 12 000 à 16 000 francs, la proportion des dépenses pourrait être maintenue à la moitié de la recette.

Ces prix supposent naturellement un tarif plus élevé que celui des grandes lignes.

Des chiffres un peu plus élevés sont donnés : 1° par les quelques exemples cités, en 1870[1], par M. Vuillemin, à propos des chemins de fer d'intérêt local, exploités par la Compagnie de l'Est, et 2° par des traités d'exploitation récents faits par cette Compagnie[2].

La Compagnie de Vitré à Fougères, dans son assemblée des actionnaires du 22 mai 1876, a présenté les résultats suivants pour l'exercice 1875 :

Recette kilométrique.	5,462 francs.
Dépense.	3,886
Produit net.	1.576 francs.

RÉSUMÉ ET CONCLUSION.

Nous sommes donc ramenés par la pratique aux conclusions exposées par M. Nordling, dans sa note de 1868, et d'après lesquelles la réduction des dépenses d'exploitation est surtout le point nouveau et le but à atteindre pour les chemins de fer secondaires.

Cet ingénieur a indiqué un ensemble de dispositions concourant à ce but, mais (comme celles de M. Bergeron, signalées plus haut) elles n'ont été jusqu'à ce jour l'objet que d'applications incomplètes sur diverses lignes. Parmi ces applications, nous citerons les voitures à couloir, permettant de délivrer les billets pendant la marche, adoptées sur les lignes du Sud-Est, de la Vologne, de l'Hérault, etc..... Sur les chemins de Frévent à Gamaches et d'Abancourt au Tréport, le couloir est placé latéralement à l'extérieur de la voiture dans le système de MM. Delahante et Desgrange[3].

Une foule de combinaisons économiques peuvent être mises en pratique, et nous signalerons, par exemple : l'emploi des équipes volantes accompagnant les trains de marchandises pour faire le chargement dans les gares ; — le *facteur banal*, qui se transporte d'une gare à l'autre pour

1. Séance du 1er avril 1870 de la Société des Ingénieurs civils.
2. Voir le rapport aux actionnaires présenté le 30 avril 1873.
3. *Engineering*. 1er juillet 1870. *Monde illustré*. 25 mai 1872.

prêter main-forte suivant les besoins ou les jours de marché, ainsi que cela se pratique sur les lignes locales exploitées par la Compagnie de l'Est ; — l'utilisation faite par le chemin d'Échallens des facteurs de la poste, venant à la gare quelques instants avant les passage du train et distribuant les billets.

En somme, une exploitation aussi économique que possible ne peut être obtenue par une copie réduite du système d'exploitation des grandes lignes, mais bien par un système tout autre, à trains légers très-fréquents, circulant comme un omnibus de correspondance avec la grande ligne, s'arrêtant dans les localités, à une auberge où se trouve un représentant intéressé au trafic, en un mot *une diligence à traction à vapeur roulant sur des rails posés autant que possible le long de la route*, complétée par des wagons de petit modèle pouvant pénétrer dans les cours des fermes.

DEUXIÈME PARTIE.

ANNEXE N° 1.

Chemins divers.

Les renseignements suivants se rapportent à quelques lignes secondaires ne rentrant pas directement dans l'une des catégories qui ont été examinées.

Système Handyside, pour gravir les rampes. — La locomotive se remorque sur la rampe, en laissant le train au pied de celle-ci et en déroulant une chaîne qui reste attachée au convoi. Arrivée au sommet, la machine se fixe au rail au moyen d'une sorte de grapin, et un treuil à vapeur qu'elle porte remonte alors la chaîne et le train [1].

Tramways de Lisbonne. — Il s'agit ici d'un chemin hors de Lisbonne, de 80 kilomètres environ de longueur, en partie placé sur une route, dans le système Larmanjat. La voie comporte un rail médian et de deux bandes latérales en bois. Les locomotives, de Sharp, sont à mouvement direct, sans intermédiaire d'engrenages. Soit par suite de mauvaise construction, soit par suite, croyons-nous, des défauts de principe inhérents au système, ce chemin, qui a coûté près de 100,000 fr. par kilomètre, n'a pas rendu les résultats espérés et ne donne lieu qu'à une exploitation très-irrégulière [2].

Chemin de fer élevé à New-York. — Six kilomètres de chemin monté sur travées de 18 mètres, supportées par des piliers composés de quatre colonnes, fonctionnent dans une avenue. On y trouve des courbes de $16^m,5$ de rayon, et des inclinaisons de 0,025 par mètre. Les locomotives, du poids de 8 tonnes et à quatre roues, présentent l'aspect extérieur d'un wagon pour ne pas effrayer les chevaux [3]. Chemin ouvert en 1874.

Chemin von Weber. — La Société se rappellera ces projets de lignes à voie de $1^m,50$, rasant le sol, sans ballast [4]; la locomotive qui devait com-

---

1. M. Handyside a publié une brochure sur ce système. Voir *Institution des Ingénieurs civils de Londres*, 1874. — Une locomotive de ce système a été exécutée à Bristol. *Engineering* du 3 septembre 1875.

2. *The Engineer*, 21 mars et 18 avril 1873.

3. Journal suisse *Eisenbahn* du 20 octobre 1874, et *Engineering* du 23 juillet 1875.

4. Séance du 18 avril 1873.

pléter cet ensemble était d'un nouveau type où le mouvement était com-
mandé par des galets lisses reposant sur les bandages des roues mo-
trices. Un essai de locomotion de ce système a eu lieu en Autriche, mais
sans succès.

Porteur Corbin et Decauville. — Le porteur Corbin consistait en un
chemin de fer portatif composé d'une légère échelette en bois, dont les
montants équarris portaient une bande de fer feuillard sur laquelle rou-
laient les wagonnets.

Ce système a été récemment perfectionné par M. Decauville, de Petit-
Bourg, près Paris, et construit entièrement en fer, avec des rails de
4,5 kilog. le mètre (fig. 14, pl. I). Le prix d'une pareille voie varie de
4 fr. 50 c. à 5 fr. le mètre courant. Posée sans aucun bourrage sur des
terres fraîchement remuées, elle supporte très-bien des wagonnets
chargés de 400 à 500 kilogrammes. La voie se pose et se dépose avec
une grande facilité et rapidité, de telle sorte que dans une exploitation
agricole, betteraves, etc..., on peut suivre d'assez près l'avancement de
la récolte.

Ce chemin de fer est donc un excellent complément de voies économiques.

ANNEXE N° 2.

TABLEAU DES PRINCIPALES CONDITIONS D'ÉTABLISSEMENT DE PLUSIEURS LIGNES A VOIE ÉTROITE.

Par suite de ses dimensions, le tableau a dû être mis avec les planches. Nous donnerons seulement ici les longueurs par pays des diverses lignes inscrites au tableau. Les situations sont prises à des époques très-différentes, aussi ces longueurs sont-elles loin de représenter le développement actuel.

Dans le tableau, lorsque des renseignements sont donnés pour les véhicules à voyageurs, le type de la voiture de 2ᵉ classe, a été, autant que possible, pris comme terme de comparaison.

Pour les wagons, les chiffres s'appliquent en général aux wagons couverts.

Les locomotives des numéros 19, 43, 62, 69, 71, 73, 74, 75, 84, 82, 89, sont du système Fairlie.

Récapitulation par pays des longueurs inscrites au tableau Annexe n° 2.

PAYS.	En exploitation.	En construction.	PAYS.	En exploitation.	En construction.
France.	69	144	*Report*	1979	1984
Algérie.	33	250	Australie.	478	»
Belgique.	124	»	Nouvelle-Zélande.	393	»
Angleterre.	42	»	Gouvernement du Cap.	108	»
Norwége.	321	320	Canada.	736	600
Suède.	663	240	États-Unis.	3009	6500
Russie.	335	»	Amérique centrale.	60	250
Autriche-Hongrie.	85	30	Venézuela.	»	»
Prusse.	33	»	Pérou.	28	»
Italie.	12	»	Chili.	191	»
Sardaigne.	29	»	Bolivie.	»	250
Suisse.	48	»	Brésil.	32	660
Grèce.	9	»	Havane.	»	»
Portugal.	»	»	Java.	55	»
Inde.	176	1000			
A reporter	1979	1984	Total partiel.	7570	10244

N°	PAYS	LIGNES	Catégorie du chemin	Date de l'ouverture	Longueur exploitation (kilom.)	Longueur construction (kilom.)	Largeur de la voie entre les rails (mètres)	Rampes maxima (millim.)	Rayon minimum des courbes (mètres)	Poids des rails par mètre courant (kilogr.)	Espacement des traverses (mètres)	Locomotives Poids total (tonnes)	Locomotives Nombre de roues	Locomotives Poids maximum sur une des roues (tonnes)	Voitures à voyageurs Poids total (tonnes)	Voitures à voyageurs Nombre de places	Wagons à marchandises Poids total (tonnes)	Wagons à marchandises Tonnage transporté (tonnes)	Prix d'établissement par kilomètre Chemin (francs)	Prix d'établissement par kilomètre Matériel (francs)	Prix d'établissement par kilomètre Total (francs)	N°	OBSERVATIONS et renseignements divers
1	France	Commentry Montluçon	Industriel	1864	17	»	1.00	19.0	25	18	0.65	25	6	3.4	»	»	»	»	»	»	110,000	1	Voir l'Annexe n° 3.
2	—	Tamaris-Pont-et-.... (Alais)	Id	1868	12	»	1.00	15.0	30	13	0.75	14	6	3.4	»	»	2.1	6.0	18,400	11,800	24,000	2	Sur le bord d'une route.
3	—	Mine de Blanzy	Id	»	10	»	0.80	»	10	10	0.80	5.5	4	1.7	»	»	»	2.0	»	»	40,000	3	
4	—	Minières de Mézialaux	Id	1861	7	»	1.10	15.0	109	16.5	0.71	12	4	2.0	»	»	1.4	3.8	14,000	17,000	53,000	4	Sur le bord d'une route.
5	—	Seine-et-Marne — Lagny	Voyageurs	1872	15	16	1.00	»	16	14	0.73	14	5	2.5	2.5	24	2.5	5.0	»	»	»	5	Id.
6	—	Ancien chemin provisoire Mont-Cenis (Fell)	Id	1868	»	»	1.10	83.0	40	34	»	25	4	5.0	3.6	90	2.7	5.0	»	»	»	6	
7	—	Roubelle (Gard)	Industriel	»	3	»	0.75	15.0	60	»	»	7	4	1.8	»	»	0.50	1.00	»	»	»	7	
8	—	Cessous et Trébiau (Gard)	Id	1868	5	»	0.788	5.0	25	12 (Acier)	0.60	8	4	2.0	»	»	0.45	0.15	»	»	»	8	
9	—	Gray à Gy et à Bucey-lès-Gy	Voyageurs	»	»	24	1.00	»	»	»	»	»	»	»	»	»	»	»	»	»	»	9	
10	—	Attin à Frévent (Pas-de-Calais)	Id	»	»	90	1.00	»	»	»	»	»	»	»	»	»	»	»	»	»	»	10	
11	—	Marlieux à Châtillon (Ain)	Id	»	»	90	1.00	»	»	»	»	»	»	»	»	»	»	»	»	»	»	11	
12	—	Petite ligne près Plancy-le-Martel (Aisne)	Agricole	1873	4	»	0.80	40.0	»	6.3	»	1.5	4	0.4	»	»	»	1.0	»	»	»	12	Chemin portatif.
13	Algérie	Mokta-el-Hadid	Industriel	1865-1867	33	»	1.00	8.5	340	20 (Acier)	0.75	21	6	3.5	4.4	10	2.1	3.0	»	»	»	13	
14	—	Mine de Caustrois (province d'Oran)	Id	»	»	»	0.70	75.0	»	»	»	»	»	»	»	»	»	»	»	»	»	14	
15	—	Arzew à Rabli et à Gadrysille	Voyageurs	»	»	290	1.10	30.0	100	15 (Acier)	»	»	»	»	»	»	»	»	»	»	»	15	
16	Belgique	Haut et bas Flénu	Industriel	1836	42	»	1.20	25.0	30	18	»	18	4	4.5	»	»	2.0	3.6	»	»	71,000	16	
17	—	Anvers à Gand	Voyageurs	1847	50	»	1.10	6.0	600	35	»	47	4	5.0	»	48	2.5	4.0	91,000	14,000	105,000	17	
18	—	Chessart à Merксm	Agricole	»	42	»	0.60	»	»	»	»	»	»	»	»	»	»	»	»	»	8,000	18	
19	Angleterre	Festiniog	Voyageurs	1836	23	»	0.59	15.0	45	24	0.43	31	3	2.1	1.3	44	1.0	3.0	90,000	24,000	115,000	19	
20	—	Festiniog et Bueren	Id	»	6	»	0.60	12.5	»	»	»	7	4	7.2	»	»	»	»	»	»	»	20	
21	—	Corwedда et Permadoc	Id	1875	»	»	0.80	10.0	60	10	0.68	5.2	4	1.2	»	»	0.45	»	»	»	30,000	21	
22	—	Dinorwic	Industriel	»	»	»	0.60	»	»	»	»	»	»	»	»	»	»	»	»	»	»	22	
23	—	Talyllyn	Voyageurs	1865	11	»	0.68	10.0	»	»	»	»	»	»	»	»	»	»	»	»	»	23	
24	—	Arsenal de Chatham	Industriel	»	7	»	0.43	»	»	»	»	»	»	»	»	»	»	»	»	»	»	24	Tramway.
25	—	Buenos-Ayres	Agricole	»	»	»	0.80	»	»	»	»	»	»	»	»	»	»	»	»	»	»	25	
26	Norvège	Hamar-Aamot	Voyageurs	1862-1871	04.5	»	1.07	14.0	300	18.5	»	»	»	»	»	»	»	»	29,090	4,500	33,590	26	
27	—	Trondhjem-Stören	Id	1864	48.5	»	1.07	23.0	245	16.5	»	»	»	»	»	»	»	»	78,170	4,540	83,710	27	
28	—	Bremanger-Randsfand	Id	1845	95	»	1.07	15.0	310	30	0.70	17	5	3.5	4.5	33	3.5	6.0	63,370	6,830	70,500	28	
29	—	Hougsund-Kongsberg	Id	1871	28	»	1.07	17.0	300	30	»	»	»	»	»	»	»	»	44,970	9,300	54,450	29	
30	—	Ydbreung-Kongsberg	Id	1872	23	»	1.07	22.0	145	»	»	»	»	»	»	»	»	»	34,430	9,970	44,190	30	
31	—	Christiania-Drammen	Id	1872	53	»	1.07	15.0	320	17.5	»	»	»	»	»	»	»	»	90,480	9,740	108,860	31	
32	—	Lignes diverses	Id	»	»	320	»	»	»	»	»	»	»	»	»	»	»	»	»	»	»	32	
33	Suède	Dalen-Calmar	Id	1867	13	»	1.22	17.0	300	21.5	»	»	»	»	»	»	»	»	44,390	8,000	52,390	33	
34	—	Khpung-Cüllemberg	Id	1865	26	»	1.07	10.0	250	18	»	13	4	3.5	»	»	2.5	5.5	26,500	4,500	31,090	34	
35	—	Norberg	Id	1870	17	»	1.19	»	»	»	»	»	»	»	»	»	»	»	»	»	55,450	35	
36	—	Westmans-Darlec	Id	1870	18	»	1.12	»	»	»	»	»	»	»	»	»	»	»	»	»	47,440	36	
37	—	Södertinse	Id	1870	15	»	1.22	»	»	»	»	»	»	»	»	»	»	»	»	»	75,900	37	
38	—	Nord Loxab	Id	1870	13	»	1.22	»	»	»	»	»	»	»	»	»	»	»	»	»	62,840	38	
39	—	Christienberg	Id	1870	12	»	1.10	»	»	»	»	»	»	»	»	»	»	»	»	»	56,090	39	
40	—	Frykete	Id	1871	7.5	»	1.10	»	»	»	»	»	»	»	»	»	»	»	»	»	36,390	40	
41	—	Kroppa	Id	1871	10.5	»	0.70	»	»	»	»	»	»	»	»	»	»	»	»	»	23,470	41	
42	—	Lignes diverses	Id	»	507	240	»	»	»	»	»	»	»	»	»	»	»	»	»	»	»	42	
43	Russie	Viermen-Ivilievoy	Id	1871	82	»	1.07	»	300	22	»	44	12	3.5	»	»	2.0	5.5	42,590	9,050	51,940	43	
44	—	Tschudowo-Novgorod	Id	1871	73	»	1.07	7.0	330	»	»	12	»	»	»	»	2.5	6.0	33,090	14,350	47,340	44	
45	—	Lignes diverses	Id	»	200	»	1.07	»	»	»	»	»	»	»	»	»	»	»	»	»	»	45	

N°	PAYS.	LIGNES.	Catégorie de chemin.	Date de l'ouverture.	Longueur en exploitation (kilom.)	Longueur en construction (kilom.)	Largeur de la voie entre les rails (mètres)	Rampes maxima (millim.)	Rayon minimum des courbes (mètres)	Poids des rails par mètre courant (kilogr.)	Espacement moyen des traverses (mètres)	Locomotives — Poids total (tonnes)	Locomotives — Nombre de roues	Locomotives — Poids maximum sur une des roues (tonnes)	Voitures à voyageurs — Poids total (tonnes)	Voitures à voyageurs — Nombre de roues	Wagons à marchandises — Poids total (tonnes)	Wagons à marchandises — Tonnage des transports (tonnes)	Prix d'établissement par kilom. — Chemin (francs)	Prix d'établissement par kilom. — Matériel (francs)	Prix d'établissement par kilom. — Total (francs)	N°	OBSERVATIONS et renseignements divers.
46	Autriche-Hongrie	Lambach-Gmunden	Voyageurs	1831	31	"	1.41	34.0	44	31.5	"	20	10	3.0	3.0	17	2.0	2.4	"	"	88,000	46	Voir l'Annexe n° 3.
47	—	Ebensee-Ischl	Id.	"	"	30	1.41	"	"	"	"	18.5	6	3.3	"	"	"	"	"	"	"	47	
48	—	Domaine du Mazal (Staatsbahn)	Industriel	"	"	"	0.93	"	"	17.4	0.67	11.5	4	2.9	"	"	"	"	"	"	"	48	
49	—	Raurève-Kadani	Voyageurs	1875	31	"	1.00	20.0	80	13	"	16	6	5.4	"	"	"	"	"	"	"	49	
50	—	Attzal-Schemnitz	Id.	1875	23	"	1.00	29.0	80	15	"	16	6	2.4	"	"	"	"	"	"	"	50	
51	—	Chemin à rails en bois près Agram	Forestier	"	"	"	0.99	"	"	"	"	"	"	"	"	"	"	"	"	"	"	51	
52	Prusse	Brothal (Prome Nismann)	Voyageurs	1862	25	"	0.79	11.5	36	17	0.50	12.6	6	2.1	2.5	14	2.5	5.0	"	"	58,900	52	Sur le bord d'une route.
53	—	Embranchements de mines en Silésie	Industriel	"	"	"	0.75	"	"	"	"	"	"	"	1.1	"	"	"	"	"	"	53	
54	Italie	Turin-Rivoli	Voyageurs	1871	12	"	0.90	17.0	200	21.5	0.50	11	4	3.0	2.5	15	2.5	"	25,500	11,000	56,500	54	Sur le bord d'une route.
55	Sardaigne	San-Leone	Industriel	1867	15	"	0.76	40.0	45	13	0.70	9.9	4	1.7	1.5	"	1.5	3.3	"	"	"	55	
56	—	Montepara	Id.	1871	14	"	0.99	21.0	100	10	"	16	4	2.7	2.0	"	2.0	3.0	19,000	11,000	79,000	56	Sur le bord d'une route.
57	Suisse	Lausanne-Echallens	Voyageurs	1874	15	"	1.00	40.0	90	29	1.07	14	4	3.5	2.5	20	"	"	"	"	"	57	
58	—	Rigi-Kaltbad à Rigi-Scheideck	Id.	1874	7	"	1.00	19.0	"	25	"	20	8	3.4	"	18	"	"	"	"	107,000	58	
59	—	Société des chemins secondaires	Id.	1875	12	"	1.00	34.0	30	11	0.89	20	8	3.4	4.0	11	3.0	7.0	"	"	"	59	
60	—	Matériel pour les tramways Nord, Est	Travaux	"	"	"	0.75	"	"	10.5	0.60	8	4	1.5	"	"	"	"	"	"	"	60	
61	Grèce	Exposition, Mines du Laurion	Industriel	1870	8	"	1.00	35.0	60	10 (Acier.)	0.69	23	6	3.9	2.7	"	2.7	6.0	51,500	10,070	10,300	61	
62	Portugal	Porto à Povoa de Varia	Id.	"	"	"	0.90	"	"	"	"	"	"	"	"	"	"	"	"	"	"	62	
63	Inde	Pallah et Artemanje	Voyageurs	1863	44	"	1.22	"	"	"	"	"	"	"	"	"	"	"	"	"	11,600	63	
64	—	Rajputana (Delhi) à Rowray, etc.	Id.	1873	94	134	1.00	"	"	"	"	"	"	"	"	"	"	"	"	"	74,000	64	
65	—	Id. Agra à Fumoralabad	Id.	"	"	165	1.10	"	"	10	0.75	24	6	4.0	"	"	"	"	"	"	89,000	65	
66	—	Noikar	Id.	1874	53	34	1.00	"	"	"	"	"	"	"	4.2	18	3	7	"	"	178,000	66	
67	—	Northern-Bengal	Id.	"	"	330	1.00	"	"	"	"	"	"	"	"	"	"	"	"	"	113,000	67	
68	—	Lignes diverses	Id.	"	178	1000	1.00	"	"	"	"	"	"	"	"	"	"	"	"	"	"	68	
69	Australie	Queensland	Id.	"	300	"	1.07	24.0	100	20	0.75	20	3	3.0	"	18	"	"	"	"	"	69	
70	—	Australie du Sud (Adélaïde)	Id.	"	48	"	1.07	12.5	300	20	0.70	"	"	"	2.0	20	2.3	5.0	"	"	"	70	
71	Nouvelle-Zélande	Dunedin et Port Chalmers	Id.	1873	13	"	1.07	15.0	180	"	"	28	8	3.5	2.4	20	2.4	7.0	"	"	"	71	
72	—	Lignes diverses	Id.	"	360	"	"	"	"	"	"	"	"	"	"	"	"	"	"	"	"	72	
73	Gouvernement du Cap	Gouvernement du Cap de Bonne-Espérance	Id.	"	108	"	1.07	"	"	"	"	34	12	3.0	"	"	"	"	"	"	"	73	
74	Canada (Dominion of)	Toronto-Grey et Bruce	Id.	"	"	"	1.07	18.0	"	"	"	34	12	3.0	2.8	"	2.8	10.0	10,000	7,000	47,000	74	
75	—	Toronto-Nipissing	Id.	"	"	"	1.07	"	"	"	"	"	"	"	"	"	"	"	37,500	9,500	47,000	75	
76	—	Lignes diverses	Id.	"	730	500	"	"	"	"	"	26	10	3.0	"	"	"	"	"	"	"	76	
77	États-Unis	Denver et Rio-Grande	Id.	"	261	"	0.91	13.0	"	16.5	"	"	"	"	"	"	"	"	"	"	56,000	77	
78	—	New-Mexico	Id.	"	132	"	"	15.0	"	15	"	"	"	"	"	"	"	"	"	"	97,000	78	
79	—	Lignes diverses	Id.	"	"	"	"	"	"	"	"	"	"	"	"	"	"	"	"	"	"	79	
80	Amérique centrale	État de Costa-Rica	Id.	1874	60	250	1.07	40.0	"	21	0.50	45	12	3.8	"	"	"	"	"	"	"	80	
81	Venezuela	Bolivar n°	Id.	"	"	"	0.91	"	"	"	"	16	2	3.3	"	"	"	"	"	"	"	81	
82	Pérou	Patillos	Industriel	"	24	"	0.76	35.0	"	17.5	"	"	"	"	3.2	4.0	"	"	"	"	"	82	
83	—	Lignes diverses	Id.	"	"	"	"	"	"	"	"	"	"	"	"	"	"	"	"	"	"	83	
84	Chili	Lignes diverses	Id.	"	491	"	"	40.0	112	22	0.64	13	6	1.5	2.5	4.5	"	"	"	"	"	84	Renseignements pour le Guide.
85	Bolivie	Madeira-Marmoré	Voyageurs	"	"	150	1.00	"	"	18	"	"	"	"	"	"	"	"	"	"	"	85	
86	Brésil	Canto-Gallo (système Fell)	Id.	"	32	100	1.10	45.0	40	31	"	15	4	7.0	4.4	"	"	"	"	"	81,500	86	
87	—	Jonction de Bahia à San Francisco	Id.	"	"	500	1.00	38.0	116	"	"	"	"	"	"	"	"	"	"	"	"	87	
88	—	Lignes diverses	Id.	"	"	"	"	"	"	"	"	"	"	"	"	"	"	"	"	"	"	88	
89	Havane	Matanzas	Id.	"	"	"	0.76	"	"	"	"	71	2	2.7	"	"	"	"	"	"	"	89	
90	Java	Batavia-Buitenzorg	Id.	1873	55	"	1.07	"	"	23	"	"	"	"	"	"	"	"	"	"	"	90	

ANNEXE N° 3.

Observations relatives au tableau Annexe n° 2.

N° 1. Le chemin industriel de Commentry à Montluçon a été desservi par des chevaux jusqu'en 1852. Au départ de Montluçon est un plan incliné avec machines fixes. Le prix de 110,000 fr. par kilomètre comprend les renouvellements faits jusqu'à ce jour.

Voir les renseignements donnés par M. Yvan Flachat, à la séance du 15 mai 1868 de la Société des Ingénieurs civils.

N° 2. Voir la note de M. Molinos. Mémoires de la Société des Ingénieurs civils, 1868. Les premières locomotives étaient du type dit *de Blanzy*.

N° 3. Voir le *Traité des chemins de fer* de M. Gosschler. Le profil du rail est donné fig. 16, pl. I.

N° 4. Voir la note de MM. Thirion et Bertera. *Observations sur les chemins de fer départementaux*. Dunod. 1865.

Ce chemin, qui comporte une courbe de 40 mètres de rayon, a d'abord été exploité par des chevaux.

N° 6. Cette ligne provisoire, qui suivait la route ordinaire, sur 77 kil., a été décrite dans les *Annales des ponts et chaussées*. 1866. Vol. XI, p. 95. En beau temps, les locomotives remorquaient les trains de voyageurs sur les rampes de 8 centimètres, sans l'aide de l'engrenage.

N° 9 Décret du 11 décembre 1874.

N° 10. Décret du 1er mars 1876.

Pour cette ligne d'Anvin à Fréthun, près Calais, M. l'ingénieur Level a eu l'occasion d'étudier sur le terrain les dépenses comparatives de la voie large et de la voie étroite.

Le prix kilométrique de la voie de 1 mètre ressort à 65,834 fr., tandis qu'il est de 106,085 fr. pour la voie de 1m,50. Les chapitres sur lesquels porte principalement cette réduction de 40,251 fr. sont : les terrains pour 3,018; les terrassements pour 16,045 fr. ; les ouvrages d'art pour 2,075 fr., et la voie pour 13,912 fr.

L'économie pour toute la ligne s'élève à 3,585,375 fr.

Les auteurs du projet estiment que sur un total espéré de 136,000 tonnes, 70,000 tonnes seront à transborder par suite de la réduction de la largeur de la voie : à raison de 0r,20 par tonne, la dépense occasionnée sera de 14,000 fr., représentant l'intérêt d'un capital de 280,000 fr. Cette somme est insignifiante relativement à l'économie de trois millions et demi réalisée..

Le capital de cette ligne est formé au moyen d'une combinaison nouvelle, sur laquelle nous attirons l'attention dans l'annexe n° 10.

Par decret du 3 juin 1876 une ligne d'Avesne-le-Comte à Savy-Berlette, environ 12 kil., vient d'être concédée à M. Level, dans les mêmes conditions que la précédente.

N° 11. Décret du 6 avril 1876.

N° 12. Petite ligne portative de 2 kil. destinée au transport des betteraves, dessert la sucrerie de M. Lefranc. La voie est composée de châssis de 6 mètres de longueur. 18 trains par jour, portant 4 tonnes chacun, ont amené 72,000 kil. à la râperie, au prix moyen de 17 centimes par tonne kilométrique[1].

N° 15. Les rails devront peser au moins 20 kil. par mètre, s'ils sont en fer.

N° 16. Les lignes de ce réseau ne sont pas toutes à l'écartement de $1^m,20$. Ainsi la voie du Hornu n'a que $0^m,90$ de largeur. — Voir la communication de M. Regnard, p. 211, Mémoires de la Société des Ingénieurs civils, 1868.

N° 17. Les wagons plate-formes ne pèsent que $1^t,7$ et chargent 5 tonnes. — Voir également la communication ci-dessus citée de M. Regnard.

N° 18. Voir la communication de M. Regnard.

N° 19. Le prix du kilomètre du Festiniog n'était que de 41,000 fr. à l'origine. Grâce à ses recettes, le chemin a pu payer ses transformations sur son revenu. Les rails ont été successivement de 8 kil., 15 kil., puis 24 kil. Les rails de 15 kil. ont duré dix-huit ans. — Les premières locomotives, mises sur le chemin en 1860, pesaient 8 tonnes. Les wagons à ardoises sont de divers modèles : les uns pèsent 900 kil. et portent 2,5 tonnes ; les autres pèsent 660 kil. et portent 2 tonnes.

L'ingénieur de la ligne M. C. E. Spooner, en a donné la description complète dans un ouvage spécial. *Narrow Gange Railways.* — Londres, Spon. 1871.

Voir *Engineering*, 4 octobre 1867, 27 septembre 1869, 14 mars et 7 novembre 1873.

Fairlie. Aurons-nous des chemins de fer ? — *Goeschler.* Mémoires de la Société des Ingénieurs civils, 1874. *Engineer*, de avril-mai 1870.

La voie de $0^m,60$ existe aussi pour des mines du comté de Durham ; — *Engineering*, du 18 septembre 1874, donne le dessin de la locomotive,

---

1. *Journal des fabricants de sucre.* Mai-juin, 1876.

dont l'essieu d'arrière libre, a ses boîtes à graisse munies d'*osselets* pour le passage des courbes.

N° 20. Cette ligne complète celle du Festiniog. Les locomotives (*Engineering*, 1er sem. 1870) sont à six roues, dont quatre accouplées, portant 8t ½, et un essieu de support à l'arrière portant 2t ½. Cet essieu peut se déplacer transversalement.

N° 32. Le prix élevé de cette ligne s'explique par le voisinage de la capitale.

N° 33. Les lignes de Suède donnent un revenu de 1 à 13 pour 100.

A la fin de 1874, 280 kilomètres étaient en projet, en plus des 240 kilomètres en construction.

N° 46. Cette section avait été exploitée avec des chevaux jusque vers 1854. Le rail primitif se composait de longrines en bois armées d'une plate-bande en fer pesant 8 kil. par mètre. (Voir M. Goeschler. Mémoires de la Société, 1873.) M. Nordling nous apprend (séance du 1er septembre 1871) que la recette s'est élevée à 17,000 fr. par kilomètre en 1869, et la dépense correspondante a été de 10,500 fr.

N° 58. M. Mallet a donné quslques renseignements sur cette ligne dans la séance du 2 octobre de la Société des Ingénieurs civils, 3e bulletin de 1874, page 710. Voir aussi *Engineering*, 30 octobre 1874.

N° 59. La 1re section, ouverte entre Wynkeln et Ursnach, a 12 kilomètrés. Cette ligne sera prolongée jusqu'à Appenzel et aura alors 25 kilomètres. Le pays est très-accidenté.

Les autres branches concédées sont celles de Zurich à Gruningen, Muri à Aegeri, Stafa à Wetzikon.

N° 68. Le rapport pour 1873-74 signale que 185 kilomètres à voie de 1 mètre sont ouverts à l'exploitation. — 1,650 kilomètres sont en construction, et 270 kilomètres du Southern-India doivent être ramenés à la voie de 1,68 à la voie de 1,00.

N° 69. Les renseignements donnés s'appliquent à des lignes ouvertes avant 1866. Communication de M. Fox à l'Institution des Ingénieurs civils de Londres, en 1867.

N° 84. Le chemin dit *Tongoï*, de 66 kilomètres de longueur, est à voie de 1,07.

Le chemin dit *Carizel*, 35 kilomètres de longueur, est à voie de 1,245.

Voir, pour les locomotives, *Engineering*, 1er semestre 1871, page 201.

Le Chili possède aussi depuis longtemps des chemins de fer à rails légers. Consulter à ce sujet les comptes rendus de l'institution des ingénieurs civils de Londres, 1866-67.

Nous ferons suivre ces observations de la liste d'un certain nombre de chemins qui ne figurent pas au tableau, faute de détails suffisants sur leur établissement.

		Voie de	
Angleterre......	Ateliers de Crewe...................	0.46	
Hongrie........	Mines de Petroszeny.................	0.78	
—	Usines de Kronstadt..................	0.75	
Nouvelle-Zélande.	Kaipara........................	1.07	
—	Wellington et Masterton..............	1.07	
—	Tokomairiro et Lawrence.............	1.07	
—	Otago provincial government Rʸ.......	1.07	
Canada..........	Nouvelle-Écosse. Glascow à Cape Breton ..	0.91	
—	Prince Edward Island................	1.07	
—	Credit Valley Rʸ....................	1.07	
—	Victoria Rʸ........................	1.07	
			Prix kilométrique estimé
États-Unis......	Memphis-Knoxville..................	»	55.000 fr.
—	Washington—Cincinnati—Saint-Louis....	»	45.000
—	Alabama (diverses lignes)..............	»	31.000
			Exploités fin 1872
—	Cairo—Saint-Louis.................	0.91	240 kil.
—	Kansas-Central.....................	0.91	90
—	Arkansas-Central...................	1.07	64
—	American Fork.....................	0.91	
—	Howland et Aspinwall................	1.07	
—	Californie........................	»	80
Pérou..........	Pimentel et Chiclayo.................	0.91	
—	Chimbote et Huaraz.................	0.91	
Brésil..........	Porto-Alegro à Hamburg:.............	1.07	
—	Itu branch et Mogy-Mirim branch.......	1.00	

ANNEXE N° 4.

Chemins de fer de Suède.

La situation de ces chemins à la fin de 1874, s'établit d'après M. Sandberg[1] de la façon suivante :

Lignes en exploitation.

Voie de 1m.45. Rails lourds.	Chemins de l'État.	1.440k	1.710	2.650
	Divers.	270k		
Voie de 1m.45. Rails légers.	Lignes diverses. .	940k	940	
Voie étroite.	Lignes diverses. .	770k		770
Ensemble des lignes exploitées				3,420k

Lignes en construction.

Voie de 1m.45. Rails lourds.	Chemins de l'État.	50k	630	2.450
	Divers.	580k		
Voie de 1m.45. Rails légers.		1.820		
Voie étroite. Lignes diverses, principalement pour transports industriels.		240k		240
				2.690k

La Suède bien qu'étant 3 fois plus grande que l'Angleterre, a une population totale qui ne dépasse pas celle de Londres. Actuellement, il y a un mille pour 1.800 habitants (1 kilomètre par 1.125 habitants), ce qui est la même proportion qu'en Angleterre.

Lorsque les lignes en construction seront terminées, la situation s'établira ainsi :

Lignes à voie de 1m.45, à rails lourds. . .	2.340k
Lignes à voie de 1m.45, à rails légers. . .	2.760k
Lignes à voie étroite.	1.010k
Ensemble.	6.110k

Les lignes concédées dans ces dernières années, complétaient les jonctions entre des lignes principales à la voie de 1m.50, de telle sorte, que l'adoption de cette largeur était commandée. Certaines lignes à voie étroite ont dû même être élargies à cette intention.

Lorsqu'il y a 20 ans le gouvernement suédois construisit ces premiers chemins de fer, on se demandait si les frais d'exploitation seraient couverts; aujourd'hui ces lignes donnent déjà au capital un revenu de 4 pour 100.

1. Note pour la Société des Ingénieurs civils de Londres. *Engineering in Sweden,* 1875.

A. *Liste des chemins à rails légers, en exploitation ou en construction.*

Les lignes de première classe, ont des rails de 30 à 35 kilogrammes par mètre, des inclinaisons de 1 centimètre au plus, des courbes qui sont en général au-dessus de 600 mètres de rayon, et ne descendent que par exception à 300 mètres, et leur prix de construction est d'environ 175.000 fr. par kilomètre, matériel roulant compris.

Les lignes deuxième classe, ou *à rails légers*, pesant de 20 à 30 kilogrammes, sont sensiblement dans les mêmes conditions de pentes et courbes, et le prix moyen oscille autour de 100.000 francs par kilomètre, matériel roulant compris.

Le tableau ci-dessous donne la nomenclature des lignes de deuxième classe.

EN EXPLOITATION.		EN CONSTRUCTION.	
Hulsberg-Motala-Mjölby	96	Chemins de fer de l'Etat	610
Karlskrona-Wexio	112	Stockolm-Westeras	208
Kalmar-Emmaboda	56	Flen-Oxelösund-Eskiltuna	160
Landskrona-Helsingbord	60	Linkoping-Gamleby	112
Ystad-Eslof	75	Ostra-Wermland	48
Kristianstad-Hessleholm	29	Halmstad-Nassjo	155
Vexio-Alfvesta	18	Landscrona-Bjornkulla	33
Nora-Karlskoga	64	Lund-Trelleborg	41
Krylbo-Norberg	19	Nybro-Safsjostrom	48
Nassjo-Oskarshamn	144	Sola-Tilberga	27
Upsala-Gefle	110	Helsingborg-Gothenburg	210
Helsingbord-Hessleholm	75	Dalsland	64
Malmö-Ystad	64	Diverses petites lignes	104
Petites lignes diverses	18		
Total	940	Total	1820

B. *Liste des chemins de fer à voie étroite.*

Les chemins de cette catégorie ont une largeur de voie qui varie de 0^m.75 à 1^m.22, et des rails de 10 kilogr. à 22^k.5 par mètre. La vitesse des trains se tient au-dessous de 24 kilomètres à l'heure. Le prix de ces lignes varie de 30.000 à 50.000 francs par kilomètre.

Les lignes à voie étroite en *exploitation* sont données par la liste suivante :

Uddevalla-Wenersborg-Herrljunga	91	*Report*	366
Boras-Herrljunga	41	Solvesborg-Kristianstad	29
Wickern-Mockeln	54	Hjo-Stenstorp	30
Karlshamn-Wislanda	77	Wadstena-Fogelstad	11
Palspoda-Finspong	57	Lidkoping-Skara-Stenstorp	48
Mariestad-Moholm	17,5	Ulriceham-Wartofta	37
Wessman-Barken	17,5	Sundsvall-Torpshammar	62
Marma-Sandarna	11	Lignes diverses	187
A reporter	366	Total	770

En construction ou en projet, on ne compte que 8 ou 10 lignes locales isolées, et dont la longueur se monte à 240 kilomètres environ.

ANNEXE N° 5.

LISTE
De chemins de fer à voies étroites aux États-Unis
au 1er juillet 1874 (1).

DÉSIGNATION.	kilom.	kilom.	DÉSIGNATION.	kilom.	kilom.
Denver et Rio-Grande...	260	1.400	*Report*......	1645	6020
Cairo et Saint-Louis....	150	240	Nashville et Wicksburg..	40	750
Utah Nord............	110	260	Wicksburg et Ship Island.	290	290
Kansas Central........	90	900	South Branch, West Virginia............	40	80
Arskauvas Central......	100	240	Stockton et Jone.......	60	60
Colorado Central, division à voies étroites.......	40	70	Washington, Saint-Louis et Cincinnati........	50	1.500
Denver, South-Park et Pacific.............	26	175	Greenville et Paint Roch.	8	35
Nord et Sud de la Georgie.	55	210	Bambridge, Cuthbert et Colombus..........	32	230
Montrose.............	45	45	California Central......	240	750
Ripley...............	45	60	Alameda, Oakland et Piedmont..........	95	95
A Johnston, Cambria Iron C°............	40	40	Juan San Pete et Sevier.	15	120
Cherokee, Ala.........	15	15	Saint-Louis et Manchester.	13	50
Jovva Est.............	35	290	Saint-Louis et Florissant.	25	25
American-Fork........	30	35	Utah Nord............	142	»
Pioche..............	30	30	Arkansas Central.......	135	»
Central Valley.........	20	20	Summi County........	5	»
East Broad Top........	50	50	Ceredo Mineral........	10	»
Mineral Range........	20	160	Natchez, Jackson et Colombus..........	5	»
Wasatch et Jordan-Valley...............	20	25	Saint-Paul and Jowa South western (voie posée)..	»	490
Pittsburgh et Castle Shannon...........	15	15	Chicago, Homer and Southern (voie posée)....	»	560
Bell's Gap............	15	65	Caledonia and Summer..	20	20
Peak skill Valley.......	10	10	Wyandotte, Kansas City and North western...	80	»
Summit County, Utah...	15	50	Lawrence and Evergreen.	5	5
Quskegee............	8	50	Galena and Southern Wisconsin.........	50	240
Louisville, harrod's Creek et Westport........	7	45	Rio-Grande — Texas...	35	35
Painsville et Youngstown.	40	100	Walla Walla — Orégon.	15	50
Baltimore Swan Lake et Lowtontown........	10	10	Camden, Gloucester et Mt Ephraïm, N. Jersey.	5	5
Peachbottom..........	65	105	Des moines et Minnesota.	65	250
Bingham Canon.......	30	30	Parkers et Karn's City...	15	15
Cheraw et Salisbury....	20	130	Wyandotte, Kansas City et Northwestern.......	15	400
North Pacific Coast.....	145	400	Green Spring to Romney, West Virginia.......	25	80
Duck River Narrow-Gauge.	120	160			
Green bay, Wabash et Faribault...........	»	105			
Salt-Lake, Sevier Valley et Pioche...........	65	480			
A reporter....	1645	6020	Total général....	3280	12155

(1) Second rapport annuel du Denver et Rio-Grande, année 1873. Publié le 31 juillet 1874 (page 124).

ANNEXE N° 6.

Projet de chemin de fer sur l'accotement d'une route en Alsace.

MM. Gambaro et Jules Morandiere ont déposé à la bibliothèque de la Société un dossier de renseignements relatifs à des études faites en 1869, avec la collaboration de M. Krafft, ingénieur des ponts et chaussées, pour un chemin de fer entre Lauterbourg et Strasbourg. Dans ce projet, la ligne de 60 kilom. de longueur empruntait sur plus de 40 kilom. l'accotement d'une route nationale; elle y formait une saillie de $0^m.30$ environ, bordée du côté intérieur par une murette en maçonnerie.

Diverses circonstances avaient imposé les rails de 35 kilog., et la seule réduction effectuée pour la voie consistait à mettre seulement 5 traverses d'une faible longueur (2 mètres) pour prendre aussi peu de largeur que possible sur la route. Cette emprise était de $3^m.50$, y compris une banquette de $0^m.30$, ménagée du côté extérieur du ballast. La largeur libre minimum à laisser à la route était de 7 mètres.

En dehors de la route, la largeur en couronne était de $3^m.60$ à 4^m, sauf dans les tranchées où le profil réduit, à un seul fossé, imaginé par notre collègue M. Chauveau des Roches, avait été appliqué. Dans cette partie se trouvaient quelques pentes de $15^m/_m$, sur la route elles étaient bien plus faibles. Le rayon minimum des courbes avait pu être fixé à 300 mètres.

La grande largeur de la route dans les villages avait permis de les traverser en se mettant dans l'axe de la route, sans faire de saillie. Le contre-rail intérieur, au lieu d'être formé par un deuxième rail, était plus économiquement obtenu au moyen d'un fer à double L, fixé aux traverses, et boulonné aux rails de distance en distance.

La dépense d'une gare à Strasbourg avait pu être évitée de la façon suivante. Les locomotives s'arrêtaient à 3 kilomètres de la ville, avant de monter une rampe de 20 millimètres, franchissant un canal. Au delà la voie était posée en tramway dans les faubourgs et les véhicules, traînés par des chevaux, pouvaient arriver au centre de la ville, à la place du Broglie, auprès d'un châlet servant de gare. L'embranchement dit des Brasseurs devait servir à mettre le nouveau chemin en communication avec le réseau de l'Est, pour les wagons à marchandises appelés à transiter d'une ligne sur l'autre.

Les voitures à voyageurs de trois classes étaient du type à couloir, afin de permettre le contrôle et la perception des places pendant la route. Le fourgon devait être aménagé comme celui des lignes du Tréport, de manière à y faire le pesage des bagages pendant les arrêts. Un certain nombre de wagons couverts devaient recevoir des banquettes latérales et médianes, de manière à former des wagons de 4° classe, où seraient admis les passagers voyageant avec 30 kilog. de denrées en destination ou en provenance d'un marché.

Les locomotives-tender, à six roues couplées, pesant 24 tonnes en charge, avaient un faux essieu pour que tous les essieux fussent absolument de rechange. Les cylindres et le mécanisme étaient extérieurs, les longerons étant aussi extérieurs. De la sorte, toutes les pièces étaient abordables du dehors, et le foyer ayant été muni d'une grille à jette-feu mobile, les fosses à piquer le feu et à graisser avaient pu être entièrement supprimées. En prévision de la circulation le long de la route, les locomotives devaient recevoir : 1° à l'avant et à l'arrière des chasse-vache américains; 2° un timbre ou cloche pour avertir les voitures, sans se servir du sifflet à vapeur; 3° une cheminée à étouffoir pour arrêter les étincelles; 4° une disposition analogue à celle adoptée sur le Metropolitan, permettant de renvoyer la vapeur dans les caisses à eau du tender, et supprimant à volonté le bruit de l'échappement au moment où le train passe à côté d'une voiture traînée par des chevaux.

l'*exploitation* de la ligne se serait faite au moyen de trains en navette, se croisant toujours au milieu du trajet. Il n'y avait alors que trois gares, celles des deux extrémités et celle du milieu. Dans les autres localités, le train s'arrêtait au droit d'une auberge. Le maître de l'auberge, servant de correspondant à la Compagnie, était tenu d'avoir : 1° un local à part pour les personnes désirant ne pas être dans la salle commune ; 2° un local fermant à clef pour dépôt de bagage. Ce correspondant aurait dû payer une certaine redevance à la compagnie, et, par contre, il aurait été autorisé à percevoir une taxe, fixée à l'avance par le préfet, sur les objets ou colis déposés chez lui pour être remis au chemin de fer.

Le *projet de cahier des charges*, joint à la demande en concession, calqué en majeure partie sur celui de l'Hérault, comprenait certaines prévisions destinées à faciliter les économies, non-seulement pour la construction, mais encore pour l'exploitation. Une appropriation de l'ordonnance de 1846 à l'exploitation d'un chemin secondaire était également ment jointe à ce projet de cahier des charges. Parmi les dispositions nouvelles ou modifiées, nous citerons l'affichage préalable des modifications de tarif, réduit d'un mois à quinze jours (délai bien suffisant pour le court rayon d'action d'une ligne locale); — faculté pour la compagnie de camionner d'office les marchandises, sauf les bois, les houilles et les engrais : pour ces dernières marchandises, des places étaient louées au public pour y établir des entrepôts; — grande ou petite vitesse des transports de marchandises, différenciées uniquement par les délais d'expédition et de livraison (tous les trains étant mixtes).

Le prix d'établissement kilométrique était estimé à 80 000 fr. : il comprenait : 1° 10 000 fr. par kilom. pour les frais généraux et fonds de roulement pendant les premières années de l'exploitation; 2° 15 000 fr. pour le matériel roulant, et 3° 55 000 fr. pour la construction proprement dite, avec sa part de somme à valoir et d'intérêts pendant la construction.

ANNEXE N° 7.

Chemin de fer du Broelthal (PRUSSE-RHÉNANE).

Bilan au 31 décembre 1871.

ACTIF.

a) Établissement de la ligne de Hennef à Ruppichteroth (20 kil.)... 242,000ᶠ
b) Établissement du pont sur la Sieg, y compris les abords. 88,500
c) Embranchement de Saurenbacherthal (2,5 kil.)..... 39,400
d) Stations des sections *a*) et *c*) avec les augmentations nécessitées par l'ouverture de la section *e*)....... 109,130
e) Établissement de la ligne de Ruppichteroth à Waldbroel (10 kil.)... 172,100
f) Stations de la section *e*)... 35,000
g) Matériel roulant et mobilier d'exploitation :
  aa pour l'entreprise primitive. (22ᵏ5)..... 93,000ᶠ
  bb augmentation pour le prolongement (10ᵏ).. 29,500 } 122,500
h) Approvisionnements en magasin, réserve et solde en caisse... 50,500
i) 400 actions non encore émises... 150,000
k) Débiteurs divers... 2,140

      Ensemble... 1,011,270ᶠ

PASSIF.

a) Compte du capital actions... 637,500ᶠ
b) Sommes encaissées sur les subventions dues par l'État.. 180,000
c) Créanciers divers... 193,770
d) Solde de l'exploitation, se décomposant en :

  1° Intérêts et réserve... 7,500
  2° Fonds de renouvellement.... 10,300
  3° Amortissement... 9,350

    Total du solde... 27,150

      Balance... 1,011,270ᶠ

ANNEXE N° 8.

REMARQUES DE L'ASSOCIATION DES ADMINISTRATIONS
DES CHEMINS DE FER D'ALLEMAGNE SUR LES CONDITIONS D'ÉTABLISSEMENT
DES CHEMINS DE FER D'INTÉRÊT LOCAL[1]

L'association des administrations des chemins de fer d'Allemagne a chargé une commission de préparer un programme des conditions dans lesquelles ces entreprises pourraient réussir. Voici les divers passages de ce programme :

« On ne peut méconnaître qu'en ne s'imposant pas l'obligation de « recevoir le matériel des lignes principales, on arrive bien plus sûre- « ment à construire des chemins de fer économiques, qui répondent « cependant au but qu'on a en vue et à toutes les conditions qu'exige « la sécurité de l'exploitation. On doit employer une largeur de voie « plus petite que la largeur normale toutes les fois qu'il s'agit de mar- « chandises dont le déchargement est sans inconvénient sérieux, et « quand la ligne secondaire ne vient pas se souder par ses deux extré- « mités à des chemins à largeur de voie normale.

« La largeur de voie réduite sera 1 mètre pour les lignes qui auront « un trafic assez considérable et qui exigeront, par conséquent, une « plus grande rapidité de transport. La largeur devra être de 0^m,75 dans « les autres cas.

« La plus grande liberté devrait être laissée aux administrations se- « condaires pour la construction des bâtiments et du matériel, et on « devrait ou supprimer, ou du moins limiter autant que possible, les « prescriptions réglementaires pour l'exploitation en ce qui concerne « les clôtures, les signaux, les installations des gares, les wagons de « secours, et beaucoup d'autres exigences relatives à la sécurité de la « circulation.

« Le mieux serait de laisser à la pratique le soin de régler ce qui est « nécessaire. Il ne faut pas perdre de vue qu'il s'agit de trains à faible « vitesse et à petite charge, et qu'avec l'emploi du frein à contre-vapeur « on peut les arrêter, en cas d'accident, aussi facilement qu'on arrête « un cheval sur une route.

« Naturellement les chemins secondaires ne seraient pas assujettis à « établir des locaux pour poste, télégraphe, etc. Non plus qu'aucune autre « installation que celles qui seraient nécessaires pour leur service.

---

1. Extrait de la chronique des *Annales des ponts et chaussées*, Mai 1870. Note par M. Michel. — Voir aussi *Organ für Fortschritte*, 1869.

« Aucun transport gratuit ou à prix réduit pour les militaires ou les
« administrations publiques ne devrait leur être demandé.

« On laisserait entière liberté à l'administration du chemin de fer
« pour fixer les honoraires, les tarifs, les classes de wagons de voya-
« geurs, et on ne lui imposerait aucune règle spéciale pour ses relevés
« statistiques. Elle serait seulement tenue d'avoir les livres de compte
« comme toute entreprise industrielle et commerciale.

« Il faudrait étendre le droit d'expropriation, en faciliter l'usage, et en
« même temps mettre en pratique le principe de la plus-value acquise
« aux terrains traversés par la nouvelle voie de communication. . . . . .

« Les chemins à voie étroite sont destinés au trafic local seulement,
« et ne peuvent donner passage au transit entre deux lignes principales.
« Ils peuvent être établis dans plusieurs cas :
« *a*. Dans le cas où le chemin ne doit pas se relier à une ligne prin-
« cipale (dans l'intérieur d'usines, de mines, d'entrepôts, de carrières),
« ou pour aboutir de ces établissements à un port, à un canal ou à une
« rivière ;
« *b*. Dans le cas où les marchandises à transporter peuvent être trans-
« bordées sans de grands frais dans les wagons de la ligne principale ;
« *c*. Enfin dans le cas où la nature et la quantité des marchandises
« rendent possible le chargement sur de petits wagons, et dans le cas où
« il est indispensable de recourir à un transport aussi économique que
« possible.

« Le transport des personnes n'est pas exclu.

« La largeur de la voie et le choix du moyen de locomotion doivent
« être entièrement laissés à la disposition des personnes chargées de la
« direction de ces chemins. Cependant, on recommande de ne choisir
« que l'une ou l'autre des deux largeurs 0^m,75 ou 1 mètre.

« La largeur en couronne sur les remblais doit être le double de la
« voie. On recommande de l'augmenter dans les tranchées.

« Les courbes doivent avoir au moins 80 mètres de rayon (exception-
« nellement 60 mètres) et les pentes au plus 0^m,040.

« Les ouvrages doivent avoir au moins 0^m,05 de largeur au delà du
« gabarit des véhicules adoptés.

« On recommande l'emploi des machines-tender à quatre roues, pe-
« sant au plus 15 tonnes, sur les chemins de 1 mètre de largeur, et
« 10 tonnes sur les chemins de 0^m,75.

« On recommande particulièrement l'emploi du système des tampons
« uniques placés au milieu du wagon, à 0^m,75 au-dessus du rail pour les
« voies de 1 mètre de largeur, et à 0^m,50 pour les voies de 0^m,75.

« Il faut, autant que possible, éviter l'emploi des wagons à couver-
« tures fixes, afin de faciliter le chargement. »

ANNEXE N° 9.

PROJET DE LOI POUR LES CHEMINS DE FER A TRACTION DE LOCOMOTIVES ÉTABLIS SUR LES ROUTES

Le 17 mars 1875 a été déposé à l'Assemblée nationale un projet de loi pour les chemins de fer à traction de locomotives établis sur les routes. Un exposé des motifs circonstancié précise le but de la proposition, à laquelle est jointe, à titre de renseignement, un projet de règlement d'administration publique. Le conseil d'État avait donné son avis sur le projet de loi, et la section des travaux publics a examiné le projet de règlement. Enfin, un rapport avait été déposé à l'Assemblée, par M. Varroy, le 30 juillet 1875 [1].

Nous donnons ci-dessous : 1° le texte du projet de loi adopté par la commission ; 2° le texte du règlement modifié par la section du conseil d'État.

I. — Projet de loi.

ART. 1er. — Il peut être établi des chemins de fer à traction de locomotives sur les routes nationales. Il peut en être établi pareillement sur toutes autres voies publiques, du consentement des départements, et les communes entendues.

ART. 2. — Les chemins de fer à traction de locomotives établis sur les voies publiques, conformément à l'article 1er ci-dessus, sont soumis à toutes les dispositions de la loi du 15 juillet 1845, sur la police des chemins de fer, sauf l'article 4, relatif aux clôtures et barrières, et les articles 5, 6, 7, 8, 9 et 10, relatifs aux servitudes spéciales imposées aux propriétés riveraines.

Toutefois, dans le cas où la sûreté publique l'exigerait, l'administration pourra faire supprimer les couvertures en chaume et les amas de matériaux combustibles, existant dans une zone de 10 mètres, à partir des rails extérieurs de la voie de fer. L'indemnité sera réglée conformément aux lois des 28 pluviôse an VIII et 16 septembre 1807.

ART. 3. — Des règlements d'admininistration publique détermineront : 1° les considérations générales auxquelles doivent satisfaire, tant pour

---

1. Voir Lamé-Fleury. — *Bulletin annoté des chemins de fer*, 3e livraison 1875, 1re et 2e livraisons 1876.

La proposition tendant à autoriser la traction des chemins de fer par locomotive le long des routes, a été reprise à la chambre des députés le 12 juin 1876, par MM. Aclocque et Ricot. *Officiel* du 22 juin 1876, page 4,400.

leur construction que pour leur exploitation, les chemin de fer dont l'établissement sur le sol des routes aura été autorisé ; 2° les rapports entre le service du chemin de fer et le service des routes, des chemins vicinaux et des autres voies publiques.

II. — Projet de règlement d'administration publique.

ART. 1ᵉʳ. — Tout chemin de fer à traction de locomotives, établi sur une voie publique, devra laisser, pour la circulation des voitures, une largeur libre de 6 mètres au moins, comptée à partir de la plus forte saillie des machines ou wagons.

La voie sera posée sur l'un des côtés de la route à une distance de l'arête de l'accotement qui sera fixé par les projets d'exécution.

Toutefois, dans les traverses des villes et villages où le passage du chemin de fer aura été autorisé, la voie occupera généralement le milieu de la chaussée.

Dans l'un et l'autre cas, les rails ne feront aucune saillie sur la surface de la route, dont le profil sera conservé sans altération, sauf le cas d'une autorisation spéciale de l'administration.

Il sera placé des contre-rails dans les traversés, ainsi qu'à la rencontre des voies de communication et partout où l'administration le jugera nécessaire, soit dans l'intérêt de la sûreté publique, soit pour desservir les propriétés riveraines.

ART. 2. — Il n'y aura, sauf dans les cas exceptionnels dont l'administration sera juge, ni barrière à la rencontre des voies de communication croisées à niveau, ni clôture d'aucune espèce sur l'un ou l'autre côté de la voie ferrée.

Le concessionnaire sera tenu, d'ailleurs, de prendre les dispositions nécessaires pour ne gêner en rien l'accès des chemins publics ou particuliers.

ART. 3. — Lorsque, pour maintenir la voie de fer dans les limites de courbure et de déclivité fixées par le cahier des charges, on devra faire subir quelques modifications à l'état de la route, le concessionnaire exécutera tous les travaux à ses frais, conformément aux projets approuvés par l'administration.

Il opérera pareillement, à ses frais, l'élargissement nécessaire pour restituer à la route les 6 mètres de largeur mentionnés à l'article 1ᵉʳ et les rectifications spéciales au chemin de fer.

Le concessionnaire aura enfin à fournir, sur les points qui lui seront indiqués, des emplacements pour le dépôt des matériaux d'entretien, qui trouvaient place auparavant sur l'accotement occupé par la voie.

Art. 4. — Les travaux seront exécutés sous le contrôle et la surveillance de l'administration.

Ils seront conduits de manière à gêner le moins possible la circulation. Les chantiers seront éclairés et, au besoin, gardés pendant la nuit.

Le concessionnaire se conformera, du reste, à toutes instructions qui lui seront données dans l'intérêt de la sûreté publique.

Art. 5. — Le concessionnaire pourra être tenu, lorsque l'administration en reconnaîtra la nécessité, d'empierrer ou de paver la surface comprise entre les rails et, en outre, deux zones d'un mètre de largeur, mesurée à partir du bord extérieur des rails. Il entretiendra constamment toute cette surface en bon état. Faute par lui de remplir cette obligation, il y sera pourvu d'office, à ses frais, à la diligence de l'administration.

Le montant des dépenses ainsi faites sera recouvré au moyen de rôles rendu exécutoires par le préfet.

Art. 6. — La vitesse des trains ne dépassera pas 20 kilomètres à l'heure. Cette vitesse devra, d'ailleurs, être réduite dans la traverse des lieux habités ou, en cas d'encombrement, sur la route.

Le mouvement devra également être ralenti ou même arrêté, toutes les fois que l'arrivée d'un train, en effrayant les chevaux ou autres animaux pourrait être cause de désordres ou occasionner des accidents.

La marche des trains devra être signalée au moyen d'une trompe, d'une corne ou de tout autre instrument du même genre, à l'exclusion du sifflet à vapeur. Les locomotives devront être munies des appareils les plus perfectionnés contre le jet des flammes par la cheminée et la chute des fragments de coke par le cendrier.

Art. 7. — Les trains ne peuvent stationner en dehors des gares que durant le temps strictement nécessaire pour le besoin du service.

Le nombre maximum des voitures composant les trains sera fixé, dans chaque cas particulier, par l'administration, le concessionnaire entendu.

Art. 8. — Tout dépôt de terre, de matériaux ou autres objets quelconques sur l'accotement occupé par la voie de fer, même à titre temporaire et en dehors des heures habituelles du passage des trains, est rigoureusement interdit.

Des arrêtés préfectoraux porteront cette disposition à la connaissance du public.

L'autorisation d'établir un chemin de fer sur le sol des routes et chemins pourra être retirée, en tout ou en partie, avant le terme fixé par le cahier des charges, dans les formes suivies pour la concession, lorsque la nécessité aura été reconnue par l'administration, après enquête, dans l'intérêt public.

En cas de retrait de la concession par le motif ci-dessus indiqué, le concessionnaire aura droit au remboursement des dépenses utiles faites pour l'établissement du chemin.

Art. 9. — Les chemins de fer à traction de locomotives établis sur les routes sont soumis aux dispositions de l'ordonnance du 15 novembre 1846, concernant la police, la sûreté et l'exploitation des chemins de fer en tout ce à quoi il n'est pas dérogé par le présent règlement.

ANNEXE N° 10.

CONCOURS DES GRANDES COMPAGNIES POUR LA FORMATION
DU CAPITAL DES CHEMINS SECONDAIRES

La ligne d'Anvin à Fréthun, près Calais, déclarée d'utilité publique le 1er mars 1876, a été concédée à une Compagnie dont fait partie M. Émile Level, l'habile ingénieur et directeur des Compagnies d'Enghien à Montmorency, d'Achiet à Bapaume et à Marcoing, de Boisleux à Marquion, et de Bertincourt à Saint-Quentin, etc..., auteur d'un ouvrage très-estimé sur la construction et l'exploitation des chemins de fer d'intérêt local.

M. Level a été à même de reconnaître qu'une des grandes causes d'insuccès des chemins secondaires consistait dans la difficulté de se procurer le capital de construction à un taux convenable, par suite du manque de crédit de ces lignes. Il a pensé que lorsque ces chemins étaient de véritables affluents des grandes Compagnies, ces dernières pourraient non-seulement s'intéresser dans la construction, mais en outre apporter le concours de leur crédit pour la réalisation des capitaux, et il a réussi à faire triompher cette idée judicieuse.

Dans une note du 1er septembre 1875, intitulée « de l'Association des grandes Compagnies et des Sociétés locales, et de l'application de la voie étroite en vue de la construction et de l'exploitation économique des chemins de fer départementaux », M. Level nous apprend que la Compagnie du Nord consent à avancer le capital nécessaire pour la construction de divers embranchements. La Société locale remboursera chaque année la somme qui lui aura été nécessaire de dépenser pour le service des obligations, en intérêts, en amortissements, primes de remboursements, etc,..

En outre, et pour avoir le droit d'être représenté au conseil de ces sociétés, afin d'en contrôler la gestion, la Compagnie du Nord a souscrit des actions de ces mêmes chemins, savoir :

> 1200 actions de Boisleux à Marquion,
> 1000 actions de Bertincourt à Saint-Quentin,
> 2600 actions d'Anvin vers Calais.

M. E. Chabrier avait posé les bases d'une semblable association entre les grandes et les petites Compagnies dans sa lettre du commencement de 1875 adressée à M. Caillaux, ministre des travaux publics.

TABLE DES MATIÈRES.

Paris. — Imp. Viéville et Capiomont, rue des Poitevins, 6.

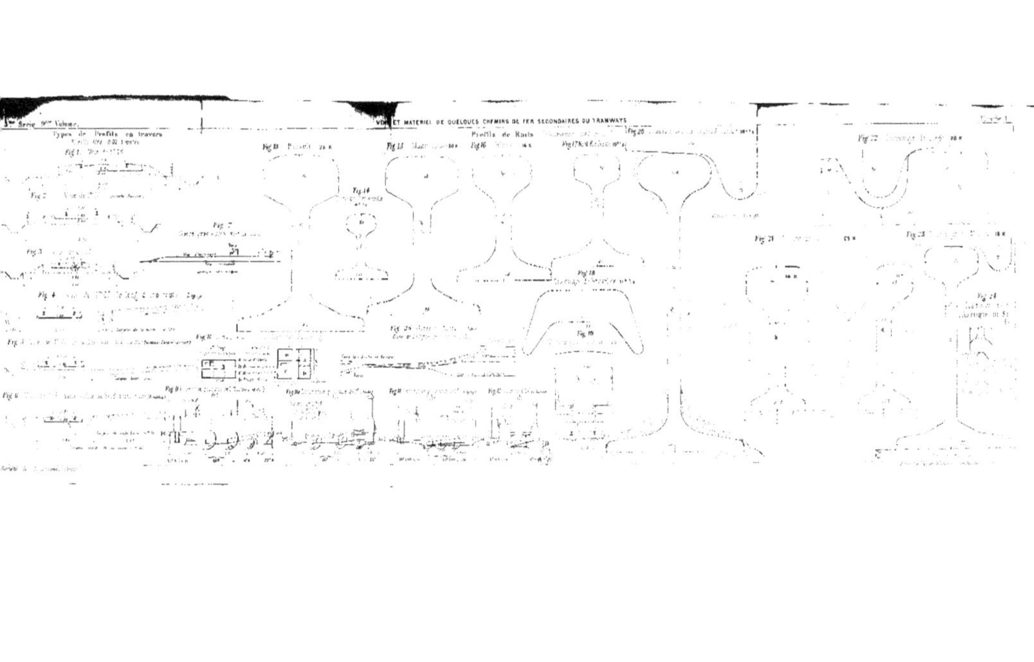
Types de Profils en travers
Fig 1
Fig 2
Fig 3
Fig 4
Fig 5
Fig 6
Fig 7
Profils de Rails
Fig 13
Fig 15
Fig 16
Fig 17
Fig 14
Fig 18
Fig 19
Fig 20
Fig 21
Fig 22
Fig 23
Fig 24